[美]大卫·戈德维奇 ◎著　张通 ◎译

中国友谊出版公司

图书在版编目（CIP）数据

双赢谈判 /（美）大卫·戈德维奇著；张通译 . -- 北京：中国友谊出版公司，2023.7
ISBN 978-7-5057-5649-6

Ⅰ. ①双… Ⅱ. ①大… ②张… Ⅲ. ①谈判学－通俗读物 Ⅳ. ① C912.3-49

中国国家版本馆 CIP 数据核字（2023）第 116051 号

著作权合同登记号　图字：01-2023-1063

Copyright © 2020, Marshall Cavendish International (Asia) Pte Ltd. Text ©, David Goldwich. All rights reserved. No part of this publication may be reproduced or transmitted in any form or by any means, or stored in any retrieval system of any nature without the prior written permission of Marshall Cavendish International (Asia) Pte Ltd.
The Simplified Chinese translation rights arranged with Marshall Cavendish International (Asia) Pte Ltd through CA-LINK International LLC, shawn@ca-link.com/www.ca-link.cn

书名	双赢谈判
作者	[美]大卫·戈德维奇
译者	张　通
出版	中国友谊出版公司
发行	中国友谊出版公司
经销	新华书店
印刷	河北鹏润印刷有限公司
规格	880×1230 毫米　32 开 7 印张　144 千字
版次	2023 年 7 月第 1 版
印次	2023 年 7 月第 1 次印刷
书号	ISBN 978-7-5057-5649-6
定价	48.00 元
地址	北京市朝阳区西坝河南里 17 号楼
邮编	100028
电话	(010) 64678009

前　言

也许很多人都没有意识到，我们每天都在谈判。然而，很少有人学过如何谈判。即使是那些专门研究过谈判的人，往往也都是学习追求胜负的传统谈判，而非实现双赢的方法。如果是后会无期的一次性谈判，那么这种老式的对抗性方法可能还算有用。但这样的"一锤子买卖"现已越来越少，我们大多都是在与同一群人反复打交道——爱人和孩子、朋友和同事、供应商和客户。所以在谈判中，我们既要获得满意的结果，也要经营与谈判对象健康、良好的关系，两者同样重要。在全球互联互通的今天，双赢正在迅速成为谈判双方都愿意接受的唯一结果。

人们嘴上总是说着想要追求双赢的结果，但最终真正实现双赢的谈判却寥寥无几。由于一些常见的错误和误解，大多数谈判不会产生双赢的结果。有太多人都认为谈判一定要分出胜负、高下立现，甚至很多人都将这种胜负观视为理所当然。我希望本书能改变人们这种观念。双赢谈判者非常重视自己的商业及社会关系，深知赢得一场谈判远不如维护一段有益的关系重要。当然，这并不意味着他们会牺牲自身利益。双赢谈判者相信，他们既能赢得谈判，也能维护好关系。最重要的是，他们能通过思考和运用一系列双赢谈判技巧来持续实现双赢。

有些人希望通过研讨、交流探寻谈判的秘诀，成为谈判高手，但其实根本没什么秘诀。学习谈判没有捷径，只能遵照一定的指导原则、战略战术和方法进行实践。此外，还要了解心理和行为科学；当然，还有沟通和人际交往的技巧。但这些都并非制胜法宝，要想学会谈判，就必须综合上述几点不断练习、持续提升。

随着技能日渐提高，我们在谈判中也会取得越来越好的结果。虽然有时可能是"一招鲜，吃遍天"，但更多的时候还是要打出"组合拳"，灵活运用各种技巧来提升自己的谈判力。我有不少学生都惊喜地发现，仅仅是掌握"强势的开价／还价"这样简单的一招，就能在谈判中使结果"更上一层楼"。

学习谈判可能会是持续一生的过程。从好的方面看，不断学习和提升会让我们受益终生。鉴于我们每天都在进行谈判，其裨益将难以估量。加入谈判游戏，享受无限乐趣吧！而且，还有一个秘诀，那就是做好准备。大多数人都不怎么为谈判做准备，很多人甚至完全不准备。不知道你是否看到了这其中的机会？

每个人都可以培养双赢的谈判思维，学习达成双赢协议的技巧。读者朋友们，能翻开本书阅读这些文字，就说明你们想要成为更好的谈判者——双赢谈判者。随着阅读的深入，你们将会体会到双赢思维的好处，发现谈判工具并非难以掌握，并意识到谈判的乐趣与价值。不只是能言善辩的律师、能说会道的生意人，每个人都可以参与谈判，包括你。

希望各位朋友能实践本书所分享的技能和技巧，享受成为一个双赢谈判者的旅程。

大卫·戈德维奇

目 录 CONTENTS

第一章　谈判准备　/ 001
什么是谈判　/ 003
为什么要谈判　/ 006
谈判过程　/ 006
谈判环境　/ 012
制定议程　/ 014
是否带上团队　/ 015
不只是跟一个人谈判　/ 015
双赢谈判者备忘录　/ 016

第二章　双赢思维　/ 017
为什么要成为双赢谈判者　/ 019
谈判的4种结果　/ 021

谈判的 5 种风格	/ 022
各种谈判风格的适用情境	/ 026
分配式谈判与整合式谈判	/ 029
何时应该妥协	/ 030
思考问题背后的框架	/ 033
让对方更容易说"是"	/ 036
态度与信心	/ 039
深度思考并说明理由	/ 041
双赢的关键	/ 042

第三章　双赢策略　　　　　　　　　　 / 045

立场与利益	/ 047
明确利益	/ 048
确定利益的优先次序	/ 050
分享利益信息	/ 051
筹码	/ 053
谈判炼金术：巧用筹码	/ 056
提供更多选项	/ 061
我们最喜欢的 3 种选项	/ 062
从筹码中创造选项	/ 064
同时提供多个等价条件（MESOs）	/ 065

第四章　谈判力与 B 计划　　　　　　　　/ 067

- 正当权力　　　　　　　　　　　　　　　/ 069
- 专业知识　　　　　　　　　　　　　　　/ 070
- 信息　　　　　　　　　　　　　　　　　/ 072
- 奖惩　　　　　　　　　　　　　　　　　/ 075
- 竞争　　　　　　　　　　　　　　　　　/ 076
- 理由　　　　　　　　　　　　　　　　　/ 077
- 先例　　　　　　　　　　　　　　　　　/ 079
- 承诺　　　　　　　　　　　　　　　　　/ 080
- 投资　　　　　　　　　　　　　　　　　/ 080
- 坚持　　　　　　　　　　　　　　　　　/ 081
- 说服力　　　　　　　　　　　　　　　　/ 082
- 人际关系技巧　　　　　　　　　　　　　/ 083
- 杠杆　　　　　　　　　　　　　　　　　/ 084
- 制订和使用 B 计划　　　　　　　　　　　/ 085
- 总有 B 计划在侧　　　　　　　　　　　　/ 086
- B 计划的强大力量　　　　　　　　　　　/ 088
- 底线的危险　　　　　　　　　　　　　　/ 090
- 最佳替代方案　　　　　　　　　　　　　/ 091
- 对方的 B 计划是什么　　　　　　　　　　/ 092
- 让对方的 B 计划不可行　　　　　　　　　/ 092
- 退出　　　　　　　　　　　　　　　　　/ 093
- 与垄断者谈判　　　　　　　　　　　　　/ 094

第五章　高效沟通与关系维护　　　　　/ 099

- 维护关系的重要性　　　　　　　　　　/ 101
- 机会之窗　　　　　　　　　　　　　　/ 102
- 光环效应　　　　　　　　　　　　　　/ 104
- 精准表达　　　　　　　　　　　　　　/ 105
- 表示尊重　　　　　　　　　　　　　　/ 106
- 建立融洽关系　　　　　　　　　　　　/ 107
- 提问　　　　　　　　　　　　　　　　/ 108
- 倾听　　　　　　　　　　　　　　　　/ 111
- 共情　　　　　　　　　　　　　　　　/ 114
- 复述　　　　　　　　　　　　　　　　/ 115
- 被共情　　　　　　　　　　　　　　　/ 116
- 失败是成功之母　　　　　　　　　　　/ 120
- 实质性问题和个性化问题　　　　　　　/ 123
- 建立信任　　　　　　　　　　　　　　/ 125
- 非语言沟通　　　　　　　　　　　　　/ 128
- 文化差异　　　　　　　　　　　　　　/ 130
- 电话或邮件谈判　　　　　　　　　　　/ 134

第六章　心理弱点：情绪和偏见　　/ 137
情感在谈判中的作用　　/ 139
情绪语言　　/ 140
谈判中的常见情绪　　/ 142
人身攻击　　/ 149
评论苛刻、态度傲慢　　/ 150
努力达到预期：包人满意　　/ 151
偏见　　/ 152

第七章　谈判战术的运用　　/ 163
为什么需要战术　　/ 165
初始报价与还价　　/ 166
谁来开价　　/ 167
锚点　　/ 170
让步　　/ 173
以退为进　　/ 178
假意为难　　/ 179
掌控时间　　/ 181
引入竞争　　/ 183
限制权力　　/ 184

沉默	/ 185
捆绑策略	/ 185
如何应对强硬的谈判者	/ 186

第八章　谈判的收尾与后续事务　　　　　　／189

最后通牒	/ 191
处理僵局	/ 194
备忘录和协议草案	/ 196
执行协议	/ 197
蚕食	/ 199
结算后协议	/ 200
当局面恶化时：诉讼、调解和仲裁	/ 202

后记　谈判的未来　　　　　　　　　　　　／207

双赢谈判者备忘录　　　　　　　　　　　　／211

第一章
谈判准备

做好准备是成功的一半。

——塞万提斯

夫未战而庙算胜者,得算多也;未战而庙算不胜者,得算少也。

——孙子

东西先贤,所见略同:准备是关键。

什么是谈判

我们每天都在谈判,很多时候甚至是无意识的。老板和同事、爱人和孩子、客户和委托人,都可能成为我们谈判的对象。而价格、物品、服务、活动、日程、条款、激励、关系等,都可能成为我们谈判的内容。

有了生活中的见闻,即使不翻看字典里的定义,我们也多少会对谈判的含义有所了解。谈判其实是满足自身需求、愿望或获得利益的一种方式。身处纷杂繁复的世界中,考虑到时间、技能等方面的限制,我们无法也不愿事事亲力亲为。

我们要依靠他人,寻求他人的帮助。同样,别人也会为了获得自身利益来接近我们。而谈判正是促进这种利益互换的过程。

> 假如今天正好轮到你带孩子上班。女儿本来正乖乖坐在办公室里玩 iPad,这时你忽然说:"我马上要谈判了,你乖乖坐好,不许捣乱。"那女儿会想,"谈判?听起来很厉害,到底是什么呢?"那天晚饭时,妻子问女儿:"今天跟老爸去公司感觉如何?"
>
> "我们去谈判了!"女儿回答。
>
> "听起来不错!具体讲讲。"
>
> "太无聊了!大人们全程都在说话,就是这样!"

简单来说，谈判就是一种劝说，是一种试图让对方按照我方的意愿行事的沟通形式。当然，这绝非易事，所以我们也需要掌握各种沟通技巧：倾听他人、提出问题、分享信息、理解信息、构建方案、解读肢体语言、影响和说服他人等等。一位出色的谈判者要有良好的同理心和理解力，丰富的知识与见地，以及过人的交际能力和谋略。

每当我问学生谈判是什么时，总会得到以下答案：

- 得到自己想要的东西。
- 两人或多人通过交流达成共识。
- 借助他人帮助获得自身利益的方法。
- 通过付出和索取达成交易。
- 妥协。
- 讨价还价。
- 以最小的代价获得最大的回报。
- 双赢。

尽管上述答案也许已从不同方面揭示了谈判的全貌，但我还是想从另一些角度来谈谈自己对这一问题的思考与回答。

谈判是一种练习，可以提高人们合作解决问题的能力。我为什么要谈判？可能我需要一个物品，而自己无法提供。那对方又为什么要和我谈判？因为他也有自己无法解决的问题，例如他有一仓库的物品要售卖。双方其实都带着自己的问题去接近对方。

一方面，我想着"一定要拿好自己手里的牌，尽可能少透露信息，谨防对方利用这些信息做出对我不利的事，实在不行甚至可以有意误导，一切以自身利益为先。"但对方可能也抱着同样的想法！如果我们满脑子都是隐瞒和欺骗，那还怎么解决问题？

相反，如果双方考虑合作解决问题，各持一种观点、一种思路，合力解决一个问题——达成一份最符合双方利益的协议，双方就能将谈判视为合作，齐心协力，并肩克难，最终更有可能获得符合自身利益的结果。

只可惜，大多数人谈判的方式并非如此。而本书的目的其实也就在于帮助大家转变思维方式，高效谈判，实现双赢。

谈判是一种过程。很多人都觉得，谈判就是讨价还价，是谈判桌上明争暗斗的游戏。无论是各为阵营，还是采取合作这一明智之选，最终都是为了实现自身利益。可事实上，谈判远比人们想象的开始得更早。在我们发现自己无法满足自身需求，开始打算与他人达成协议并获取帮助时，谈判就已开始。即使只是发现自己的需求，甚至仍未明确谈判对象，只要想清楚自己真正的需求及可能的解决方式，我们其实就已经在谈判了。

谈判是一种游戏。正如桌游包装盒上会写"适合两人以上玩家"一样，谈判也有其规则，只不过大多都是指导性原则，而非硬性规定。谈判有很多可以学习的策略与对策，是一场技巧与运气并重的博弈。技巧越多，运气的成分就越少。跟大多数游戏一样，谈判也有输赢，只不过好的谈判可以让所有人都成为赢家。

大多数游戏都是为了获得乐趣，谈判也一样。也许是因为追求结果而太过认真，谈判才会失去乐趣。其实，好心态才是玩家获得乐趣的关键。我们有了良好的心态，谈判也许会成效卓著、乐趣无穷。

为什么要谈判

进行谈判的原因有二：一是别人恰好可以帮助我们得到自己想要却又无法得到的东西；二是别人可能会损害我们的利益，我们需要劝阻。换句话说，我们之所以谈判，要么是因为对方能帮我们，要么是因为对方会威胁到我们。

从这个角度看，我们很被动。我们会觉得是因为自己不够强大、缺乏支持，所以只能任人摆布，被对方牵着鼻子走。

但其实，我们可能只是没有看到对方无助与窘迫的样子。若非有求于人，他们也不会来谈判。他们只是不敢露怯罢了。一定要记住，我们同样身处影响对方利益的重要地位。对方也很需要我们。

所以说，谈判就像是一张彼此交织、互相依赖的关系网。人人都各有所求，各取所需。而谈判正是这样一个互相帮助以实现各方诉求的过程。

谈判过程

正如我前面所述，谈判在大多数人眼中就只是一件简单的事，但它实际上是一个复杂的过程，在察觉到需求或渴望并为之行动时，这个过程就已开始。也许你根本都没想过谈判这回事儿，只有等到真的在跟某人讨价还价、商量花多少钱可以解决这个问题时，你才会意识到自己在谈判。但这时就太晚了——你已经向对方暴露了自己的需求和无措，你输定了。

第一阶段：做足准备

《孙子兵法》中，孙子曰："知己知彼，百战不殆。"换句话说，准备是战争胜利的关键。谈判也同理。

那该如何准备谈判呢？大多数买家在准备谈判时，都会在心里想一个理想的最低价、一个愿意出的最高价和一个介于两者之间的期望成交价。卖方也是一样。这些预想当然是好的，但还远远不够。

有些人自诩谈判高手，觉得仅凭临场发挥就能拿下一场谈判。但其实，真正的谈判高手从不临场发挥，而是会做足准备。以下是谈判准备中的几点注意事项：

- 了解自己。你想要什么？不是你认为想要什么，而是真正的需求。令人意外的是，很多人对此浑然不知。比如，你想涨工资。也许是真的想加薪，但也可能是出于其他真正诉求：想要获得认可、得到公平对待、维持或提高生活质量、为未来提供保障等等。加薪是实现诉求的一种方式，而非唯一方式。

- 确定了自己真正想要（或认为想要）的事物后，问问自己为什么需要它。反复追问原因，你可能会意识到自己其实另有所求。若想在谈判中收获满意的结果，首先就要明确自己真正的利益及目标，确定自己想要或需要的事物及原因。
- 为谈判牵涉的各项利益排序。假设你要跟新东家就工作进行谈判，你关心的可能不只是工资，还有福利保障、弹性考勤、工作环境、个人职责、团队任务等等。这些事情对你的重要性可能不甚相同。最好不要对兼得所有抱有太大的希望，而是列出自己的愿望清单并对其进行排序。明确哪些愿望是一定要达成的，哪些是可以让步的，哪些是能达成最好、不能达成也无所谓的。之后要做的，就是聚焦重点，避免因次要事项而分心。
- 评估手中资源，看看自己可以带着什么资本上桌谈判。对方在你身上看中了什么？无论是金钱、产品、服务等有形资产，还是品牌、声誉、情感等无形资产，都可以统统罗列出来。这些资产或谈资，也就是你愿意拿来交换的任何有价值的东西，都可以被称为交易筹码。认清自己手中的筹码后，下一个问题就是如何运用这些筹码来实现自身需求。
- 你在谈判中可能会使用什么战略战术？会先发制人、抢先出价，还是会按兵不动、等待对方先出价？你在何时会做出哪些让步？在时间方面有何要求？你的底线是什么？备选方案又是什么？

以上几点都是我们需要考虑的问题。但谈判的准备还远未结束，我们仍须考虑很多其他事情：

- 了解谈判对象。既可以通过领英主页及其他线上资源了解其个人信息，也可以直接跟你们的共同朋友询问他的情况。他想从你这里获得什么？利益是否明晰？优先事项为何？他是否如实告知了自己的需求，是否有所隐瞒？如果不能跟你达成协议，他的备选方案是什么？哪些无形资产或情感因素可能会打动他？
- 预判对方的谈判风格。对方是难缠的对手，还是友好的伙伴？应该采取怎样的战略战术？
- 制定备选方案。综合你的需求、所拥有的筹码及对对方利益的了解，提出一些备选方案。它其实就是一系列筹码，是针对谈判问题提出的可行方案。最好可以制定几个兼顾双方利益的方案，并准备好就其进行说明及讨论。
- 评估替代方案。如果最终无法与对方达成共识，又该如何确保自身利益不受损害呢？有什么备选方案？如果没想好退路，拿不出备选方案，可千万别贸然走上谈判桌。
- 了解现场环境。谈判总有个地点，而谈判双方也都会受到各种因素的影响。有些因素仍属可控范围，但有些就只能靠预判和随机应变了。越了解潜在的各种因素，谈判的局势就会越好。所以，在正式谈判开始前，应充分了解对方和谈判所涉及的话题、行业和商业环境，越详尽越好。

- 思考政经大事对谈判双方的影响。双方所在行业是否存在一些相关的变化或趋势？政府的哪些政策规定可能会对谈判产生影响？你是否了解对方所处的商业周期？例如，月末之于车企，圣诞之于玩具商，都蕴藏着巨大的机会。

可以看到，在谈判前有很多事情需要考虑。搜集信息对准备谈判至关重要。如能在线上搜集到所有可用的信息资料，我们就能做到未见其人而先知其貌，并充分挖掘关于谈判对象的有用信息。

阶段二：打好基础

不要在谈判一开始就出价或让对方出价，暂避锋芒，从长计议。首先，建立稳固的关系基础。通过一些简单的对话了解对方，主动示好，营造融洽、舒适的沟通氛围。

提出问题，尽可能多地了解对方的需求和情况。比如，"最近生意可好？"这样的简单问候，不仅能成功破冰，有时还有望获得一些有用的信息。如果对方回答"近来进展缓慢"，不就了解到一些有效信息了吗？

试着摸清对方需求。对方是博学多识、有备而来，还是全凭临场发挥、随机应变？他们注重的是价格，还是稳固可靠的关系？他们有没有时间、预算或其他方面的限制？

用不同形式反复提出同样的问题以检验自己的假设。对方的回答是否前后一致？从中是否能捕捉到一些新的信息？在议价阶段及谈判的整个过程中，要不断对这些信息进行重新评估。

阶段三：讨价还价

在完成信息搜集和谈判准备之后，我们就会进入谈判的主要环节——讨价还价。这也是大多数人对谈判的认知。议价阶段的互动方式非常多样，包括面对面交流、电话沟通、邮件往来，有时甚至可以互发短信。谈判双方将共同经历出价议价、运用策略对策、寻求不同方案、妥协让步、检验假设和阐明想法等过程，通常还会在整个谈判的过程中遇到一个或多个僵局。

因为在议价阶段之外会得到一些新的信息，所以我们不得不重新评估自己在前两阶段已有的信息。面对这种常态，我们更要以发展的眼光来审视谈判初始阶段搜集的信息，将其视为一种待证假设。好的谈判者坦诚开放，愿意接受自己一开始在认识上的错误，并足够灵活，会在谈判过程中不断地进行学习、调整。

要记住，正式的议价环节只是谈判过程的一部分。如果将讨价还价视为谈判的全部过程，不在前面两个阶段（"做足准备"和"打好基础"）做出任何投入，那我们在上桌谈判前很可能已经输了。千万不要因为前期没做好功课而耽误了最终握手成交、签订合约的高光时刻。

阶段四：达成交易

在理想情况下，经过了所有这些努力，我们最终会达成尽可能充分获得自身利益的协议。但即便到了这个阶段，谈判也仍未结束。在正式谈判中，我们还需将条款写入正式的协议之中。不仅如此，我们还要对合同执行过程中可能出现的问题进行预判，谨防任何人从中作梗。在经历了谈判这场持久战之后，我们可能更愿意沉浸于胜利的喜悦中，而不是再将谈判成果落实成文。

当然，我们确实也可以做个甩手掌柜，但前提是要有律师和私人助理来跟进处理各项细节。不然，就还是要靠自己。协议不会自己执行，现实中协议大多也都未能充分执行。

如果合同签订后又有某个条款出现争议，怎么办？是花大价钱请律师，在等待法官裁决的两年里眼睁睁地看着双方业务关系恶化，还是提出一些机制来简化解决争议的过程？

如果后来才想到优化协议的方法，是拍着脑袋哀叹"已经太迟了"，还是要求再次谈判或提出补充解决方案？

大家肯定都在办公室墙上见过那种一本正经的标语牌："只有落实到文书上，工作才算完成！"

谈判环境

谈判不会凭空发生，而且还会受到环境影响。我见过一些人操纵环境，很是狡猾。一个客户告诉我，谈判对象对他几乎言听计从，因为他会把空调温度调得很低，使房间变凉，直到对方一心想赶紧离开。另一个客户则会把谈判安排在阳光正好的午后，让对方面朝窗户就座。当然，我们大可不必如此，但至少应考虑到客观环境对谈判局势的影响。

场地

对场地而言，其实很少有具体规则，只有一些大的指导方针。为给正式的议价阶段选定合适的地点，一个好的谈判者在确定谈判场地前会考虑以下因素：

谈判应在何处进行？在自己或对方的办公地点？有些人喜欢主场优势带来的自信，希望掌控一切，这样不仅能自主安排房间和座位，还能操纵环境来暗示自己的意图，更能得到同事多方面的支持。

有些人则更喜欢去往对方主场，希望让对方更加舒服，使其产生一种尽在掌握的错觉，这样就有机会在对方的地盘上观察对方并进行推断。例如，其组织运行是相对顺利，还是混乱无序？现场环境是否在一定程度上说明了他们的财务状况和支付能力？

还有人可能会选择餐厅或酒店会议室这样的中立地点。这将有助于减轻主场优势的影响，还可以远离办公地点的干扰。

哪种环境对你来说更为有利？是正式庄重，还是休闲轻松？许多商业交易其实都是在高尔夫球场而非会议室达成的。

座位

各国元首出席的国际峰会使用的都是不分主次、各方平等的圆桌，而大多数公司会议室都会使用主客分明的长桌。显然，主座象征着权力，往往会留给主方领导以示权威。让对方落座主位，会使其认为自己处于控制地位。除非你认为挑战对方是一个有效策略，否则千万不要自己主动坐在主位。

如果桌子很小，怎么办？面对面落座往往意味着一种对抗性关系。毕竟在下象棋、打乒乓球等竞技游戏中，双方都是在桌子两端一争高下。相对地，并排坐或同坐角落，则表明双方会从共同的角度出发，携手共进，处理同一个问题。这也会释放更加积极的信号。如果是圆桌，那就更好了。此外，由于轻松的环境更能让双方放下戒心、畅所欲言，所以也可以考虑相对随意地围坐在咖啡桌旁的沙发或椅子上（各方并不是完全相向而坐）。

制定议程

你一定要先制定好议程，然后再坐下来和对方谈判。议程中应明确待议事项及其相对次序，可以从简单的小事谈起，摸索出成功的模式，然后再乘胜追击，攻坚克难。

比较理想的是自己制定议程。承担这项额外的工作，不仅可以让对方心生感激，还会让你在谈判中掌握一定的主动权。

如果对方来制定议程，一定要仔细检查，确保其中没有对你不利的事项。要知道，对方精心设计议程可能就是为了在谈判中获得一定的优势。如有任何需要调整的地方，一定要提出修改建议，并说明理由。万事皆可商量——议程也不例外！

在谈判过程中，一定要注意对方是否脱离议程。打乱顺序很容易分散注意力，让双方忘记跟进一些事项。

做好议程笔记将有助于记忆。就算有再好的想法，你也可能会忘记某项细节或是讨论的情景，而有了议程笔记，就能在会后据此起草一份备忘录。

是否带上团队

只要有条件，带上你的团队或至少带一个人参加谈判总是好的。相比众人群策群力，孤军奋战往往更难在谈判中取得有利结果。大多数人都会在他人予以支持、信心及依赖时表现得更好。此外，队友也将带来更多的视角、才能和经验，这是一种优势，毕竟人多智广。队友还可以配合你分唱红白脸。第七章中也会详述这一策略。队友相伴更能带来心理上的优势。

但你也不要把整个团队都带来。如果所有决策者都在场，将无法锁定自身权威。不过，最好给自己留条后路，可以带一位业务方面更权威的同伴作为参谋。他无须与对方直接交涉，只要能提供意见，帮助你进行最终的定夺即可。这位权威人士可以是会计或业务经理，只要是"自己人"就行。

如果对方有团队而自己没有呢？这听起来可能有点可怕，但其实不然。谈判是一个自愿的过程，你无须同意任何不符合自身利益的事情。如已做足准备，那就自信面对。要记住，需求都是相互的。所以请放心，即使单枪匹马，谈判依然可以取得良好的结果。无论房间里人数几何，一场交易都胜负难料。

不只是跟一个人谈判

人们大多都很关注当下坐在对面的谈判者，甚至会根据这个人的个性、谈判风格等特征来调整自己的措辞和策略。听起来很厉害，对吧？但这还远远不够。所见之人往往只是谈判的冰山一角。

我们只考虑眼前的对方是不够的，要拓宽视野和思路。对方也是奉命办事，需要获得上级首肯。比如，如果老板很关注谈判结果，而对方又很在意老板的想法，那这时就必须向对方证明自己的建议正确合理，并帮助对方向其利益相关者证明他的行动稳妥又恰当。我们要试着确定具体的利益相关者及其相关利益，思考如何能赢得他们的支持。

假如我们正在与对方就一项采购进行谈判，他的老板关心的是价格问题，而他关心的则是他的老板。要想让他同意支付更高的价格，我们就要向他及其老板证明我们所出售的产品物超所值，帮助他成为老板眼中的英雄。

双赢谈判者备忘录

在生活中的许多领域，准备都是成功的关键。谈判也是如此。本书最后的"双赢谈判者备忘录"列出了谈判全程中需要考虑的关键要点，希望能帮助大家为日后的谈判做好准备。

我们在本章讨论了为双赢谈判做准备的一些重要方面。下一章中，我们将在此基础上探讨双赢思维。

双赢思维

助人实现所想,自会得偿所愿。

——金克拉

为什么要成为双赢谈判者

大多数成功的商业人士都是以战代练,在工作中学习如何谈判。他们会先跟着老板去谈判,察言观色;几次之后便会自己上阵交涉,但仍需老板在其后坐镇;这样经历了几次实战之后,他们的老板便会说:"恭喜出师,现在你可以自己上谈判桌了!"这就是"师傅领进门,修行在个人"了。那老板又是从哪里学会谈判的呢?答案是老板的老板。说句玩笑话,要是这样追溯下去,从山顶洞人开始,谈判技能就在老板之间代代相传啊!谈判的艺术虽已流传了几个世纪之久,但传承下来的并不是双赢的谈判艺术,而是一种对抗性的、老派的、追求输赢的谈判风格,有时也被称为"分配式、零和或固定蛋糕"谈判。

对于追求输赢的谈判者来说,谈判就像是分蛋糕,自己总想要更大的那块。换句话说,有赢必有输,他们自会尽全力去赢得谈判。那他们又是如何定义胜利的呢?其实就是分得更多的蛋糕,或看到对方被击败。对这类谈判者来说,对方的损失就是他们的胜利。

这种追求输赢的谈判只适合一次性交易。如果知道后会无期,人们可能并不会真正在乎对方的损失。但如果相信公平,或是希望在距离不断拉近、关系日益紧密的当今世界保持良好声誉,人们可能就会有所顾忌。其实,如果真的可以做到遗世独立,那么大多数人都会一心求胜。

回溯历史,追求输赢的谈判的确是主流与常态。生活在原始时代的人类始祖就是在丛林法则下活下来的——生死存亡，吃与被吃都在一念之间。但时至今日，单纯的一次性谈判少之又少。我们大多都要长期与同一些人反复谈判，如同事、客户、供应商和合作伙伴。我们既想赢得谈判、收获满意的结果，同时也要经营好与谈判对象健康、良好的关系。在全球互联互通的今天，双赢正迅速成为谈判双方愿意接受的唯一结果。

以电脑为例。除了厂商品牌标志外，可能还有英特尔或微软等其他标志印在外壳上。试想，英特尔在与电脑厂商就芯片价格进行谈判时，会有任意一方甘愿接受失败吗？当然不会！双方都财力雄厚，手握大量资源、人才和专业知识，并建立了一种长期的关系，而这种关系比任何谈判结果更重要。双方都不愿承受损失。所以，必须达成一个双赢的结果。

我想，各位读者朋友其实也都希望在大多数（甚至是全部）谈判中达成双赢协议。熟练运用书中提到的各类技巧，将会让各位在谈判中实现双赢的机会成倍增加。

说到天气，有这样一句话：人人都在谈论，但无人付诸行动。这也是我听到人们在谈判中谈论双赢结果时最先想到的一点。人人都说想实现双赢，但很少有人总能实现这个结果。事实上，甚至很少有人了解它的真正含义。

双赢并不只是达成协议，或是让双方自觉获胜的有利结果。这充其量只是部分胜利。真正的双赢是指双方都达成能力范围内的最佳交易，不留任何遗憾。真正的双赢不只是可以接受，而是要实现最佳。

想要完全吃透双赢，绝非易事。不过，大家还是可以通过学习来提高自己在谈判中实现双赢的概率。

与追求输赢或两败俱伤的谈判者相比，双赢谈判者也没什么不同。他们并非经验超群，风度过人。双赢谈判者与其他谈判者最大的区别就在于思维。

双赢谈判者了解谈判的 5 种风格，并能根据对方特点及现场情况灵活运用，做出适当调整。他们会有意做出某些积极举动，避免消极行为。他们乐观开放、善于合作，希望共同解决各方问题。本章中，我们将深入探讨这种双赢思维。

谈判的 4 种结果

任何谈判最终都可归结为以下几种结果：

1. 胜负分明

一方胜利，一方失败。这种情况可能在双方实力悬殊或一方准备不足时出现，也可能是暗箱操作的结果。这种结果总会让输家怨恨赢家，双方关系也会因此而受到影响。就算会破坏双方关系，我们也还是觉得赢总比输好，希望自己是获胜的一方。不难看出，这种结果是如何产生的。

2. 两败俱伤

两方皆输。大家可能在想，"这怎么可能？不难想象一方会输，但双方怎么可能甘愿接受失败呢？没道理啊！"确实，这并不合理。然而，谈判总是能轻易让人变得情绪化，可能会让人不惜以失败为代价，只为将对方也拉下水。此外，这也在很大程度上取决于我们对"失败"的定义。自杀式爆炸袭击对我们来说就是"两败俱伤"。

3. 各有输赢

这是迄今为止最常见的谈判结果。双方都解决了部分需求，但都未充分实现自身利益。这种结果似乎还不错，毕竟双方都得到了比原来更好的结果。而且，我们也知道自己无法奢求所有愿望都能得以实现。

4. 双赢

双方都得到了想要的一切！这是所有可能的情况中最好的一种，是最理想的结果。但是，尽管人们经常谈论双赢、追求双赢、渴望双赢，却很少真正实现这种结果。本书的主要目的就是要让大家更加容易地实现双赢。

谈判的 5 种风格

谈判风格主要取决于两个维度：自信和以人为本。

自信指清楚、直接地进行利益沟通的能力，即在不触怒他人的情况下主张自身利益。自信的谈判者不仅会努力争取自身利益，敢于说明自己当下的感受，并在必要时说"不"；同时也会接受公平的标准，承认他人权益，真正做到问心无愧而又毫无保留地追求自身利益。

以人为本指对他人需求及感受的敏感性，包括同理心、情感意识和在社交场合的自在程度。以人为本的谈判者通常善于交际，且惹人喜爱。他们并非以任务为导向，而是更注重人。他们会努力理解彼此间的利益。

谈判风格由自信和以人为本的程度而决定，如图所示：

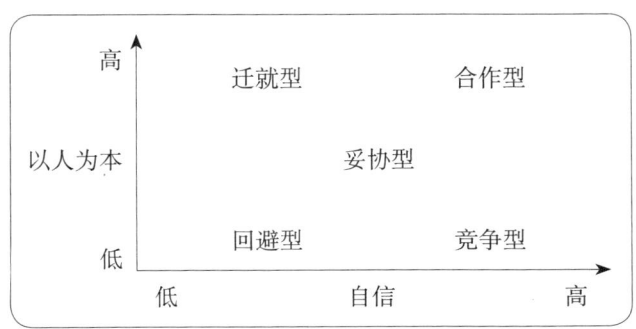

1. 回避型

回避型风格的谈判者会尽可能回避问题、对方和谈判情况，往往有下列表现：

- 避免对抗、争论和冲突。
- 避免讨论问题，特别是敏感性问题。
- 很难坚持对自身需求的主张，不愿对对方说"不"。
- 尽可能推迟谈判。

2. 迁就型

迁就型谈判者主要是想维护好自己与对方的关系，就算是以自己的实质性利益为代价也在所不惜。迁就型谈判者往往有下列表现：

- 不愿说"不"，比起自己更关心对方。
- 牺牲自身利益来帮助对方。
- 试图通过取悦对方来赢得认可。
- 跟随对方的脚步。
- 强调共识，淡化或忽视分歧。

3. 竞争型

竞争型谈判者的特点是强调自身利益，并以牺牲对方利益为代价赢得胜利。竞争型谈判者往往有下列表现：

- 利用权力来获得更有利的结果。
- 利用对方弱点。
- 拖垮对方。
- 可能使用威胁、操纵、欺诈和强硬手段。

4. 妥协型

妥协型谈判者重视公平和平衡，各方都要有所牺牲，以实现各自的部分需求。妥协型谈判者认为自己无法得到想要的一切，往往有下列表现：

- 快速化解差异。
- 假设必须要有所取舍或让步。

- 寻找折中的解决方案，而不会努力寻求双赢的结果。

5. 合作型

合作型风格的谈判者通过关注共同利益和努力满足对方需求来寻求最佳结果。合作型谈判者往往有下列表现：

- 开诚布公地进行交易，清晰而有效地进行沟通。
- 建立信任。
- 倾听对方的意见。
- 分享想法和信息。
- 寻求理解和创造性解决方案。
- 考虑多种方案。
- 努力创造价值。
- 将谈判视为共同解决问题的一种练习。

回避型和迁就型谈判者通常在谈判中表现不佳，特别是当对方强势有力时更是如此。他们总是有些软弱且不够坚定，需要更有主见，更加自信。充分的准备可能有助于弥补他们在谈判桌上信心与动力方面的不足。这就意味着他们要了解谈判话题、双方彼此的利益及筹码、需求和限制，预测谈判中可能发生的情况，并清楚地知道妥善处理各种突发情况的应对措施。如有自信的同伴在场，也会对谈判的过程有所帮助。人进步的压力与动力往往来自他人，而非自己。但我还是强烈建议这类谈判者能参加自信培训课程，培养自信。

竞争型谈判者追求胜负——胜利就是一切。对他们来说，明智的做法是帮助对方至少能取得一定程度的胜利。他们既想成为赢家，又想通过让对方获得高于预期的结果而博取好感。然而，竞争型谈判者往往想要看到对方失败：对他们来说，这再次证明了他们的胜利。即使是自信的谈判者，面对竞争型谈判者也可能会碰一鼻子灰。但我们偶尔也需要与这样的人谈判。这时，我们要尽可能理解对方，并为自己打气，努力寻求双赢之道。如果他也赢了，他可能并不会因为我们的胜利而感到不快。归根结底，他关心的只是自己的利益罢了。

妥协型谈判者，乍一看似乎比较好说话。他们愿意放弃一些利益来换取其他东西，前提是对方也愿意这样。这种方式只是看起来还算公平。有些人甚至将谈判称为妥协的艺术，这绝对有辱谈判的艺术。我们很快就会看到，这是一条简单的出路。而学习双赢的谈判方法，远比满足于快速而简单的部分胜利要好得多。

合作型谈判者，不出所料，其实就是双赢谈判者。他们通过建立信任、开放沟通、明确利益、运用筹码并设计方案与对方合作解决共同的问题，从而为所有相关方创造最大的价值。

各种谈判风格的适用情境

合作型谈判风格显然是实现双赢的有效途径。如果我们提倡学习实现双赢的方法与技巧，那为什么还要了解其他 4 种风格呢？下面列出了几个原因：

- 即使我们自己对双赢谈判的优点深信不疑，但谈判对象可能并不这么看。比如，遇到竞争型谈判者，我们要能及时地辨别出对方的谈判风格，并知道如何保护自己。
- 即使是坚定的双赢谈判者，也会使用其他几种谈判风格。有时，我们要竞争或妥协。记住，谈判是一场游戏。我们要了解并遵守游戏规则。
- 单独任意一种风格都不足以应对所有场合。我们要足够灵活，适时调整谈判风格。
- 坦白讲，我们有时可能会因为太想赢而不关心对方表现，就可能呈现出竞争的姿态。比如，在购买二手车或与移动运营商协商费用而有争议时，我们真的会关心对方有没有赚到钱吗？

大多数人都有一个主导或偏好的风格，但它可能会随着情况和相关人员的变化而变化。虽然比起回避和迁就，合作往往能带来最好的结果，但每种风格在不同情况下各有所长。

大家在选择谈判方法时可以考虑以下因素：

1. 回避

有些微不足道的问题，可能不值得我们花时间。在我们情绪高涨时，明智的做法是推迟谈判，直到情绪平息下来。然而，回避只是权宜之计，并非长久之策。如果发现自己经常找理由刻意回避，那么我们一定要主动培养自信心，直面现实。

2. 迁就

如果谈判中某些问题对我们不重要，而对对方很重要，我们可以选择在这些问题上做出让步。这个简单的让步可以让我们在之后换取其他东西。我们可能会当场提出一些要求作为让步条件，但也可能会一味地沉浸在让对方得偿所愿的优越感中，在婚姻等亲密关系中尤其如此。

3. 竞争

如果是在一场与对方的一次性谈判中，我们可能就不会在乎他们的赢输，一心想着拿下谈判。又或者是单纯就价格进行谈判，一方的收益意味着另一方的损失，这时最可能的结果就是双方都取得部分胜利，但我们总会想方设法地尽量实现自身利益最大化。如果是处于危急情况中需要快速、果断采取行动的谈判，我们也可采用竞争的谈判方法。

4. 妥协

我们可能会身处这样几种情况中：（1）迫于时间压力，无法探索双赢之道，而需迅速给出解决方案；（2）双方实力相当，都不愿意做出过多让步；（3）双方都将妥协作为解决复杂问题的权宜之计，并打算之后再寻求更为长久的解决方案——例如，达成停火协议之后再签订全面条约。当任何一方都不能提出双赢解决方案，且双方都倾向于即使仅能获得部分胜利也要达成交易时，就可以做出妥协。不过，在这种情况下，最好能付出更多的努力来想出更具创新性的方案。

5. 合作

如果双方都想实现双赢，并且有时间也有意追求双赢，合作就很有可能实现。另外，如果问题非常重要，无法妥协，也不容失败，人们往往会选择合作。如果双赢势在必行，其实总归有办法来实现。

虽说合作是最为理想的一种方法，但即使是双赢谈判者，有时也会用到其他几种谈判方法。

分配式谈判与整合式谈判

可能对谈判风格的选择产生影响的另一个因素是分配式谈判与整合式谈判。

在"分配式、零和或固定蛋糕"谈判中，各方会就单一问题进行谈判。就拿分蛋糕这个老掉牙的比喻来说，各方都想分到更大的一块。一方的任何收益都将以牺牲另一方利益为代价。这时可能会出现胜负分明或部分胜利的结果，并且通常都要做出一些必要的妥协。

分配式谈判最常见的形式是双方针对单一物品进行议价。谈判的唯一焦点就是交易价格：买方希望降价，而卖方想涨价。还有些单一问题谈判可能涉及时间、人力或设备使用等有限资源的分配。

在分配式谈判中，我们可能会采取竞争性的方法。双方如想得到更多，就必须为之奋斗，在一次性谈判中尤其如此。而在婚姻或职场关系中，我们仍然会面临一系列分配式的单一问题谈判。

这时，我们若想表明竞争性立场，一定要三思而后行。考虑取舍，权衡利弊，以维持关系的平衡。

整合式谈判则包含多个问题，这样才有可能折中、创造价值、做大蛋糕，甚至实现双赢。合作性方法将更有可能实现双赢。通过引入更多问题，我们可以将单一问题谈判从分配式谈判转变为整合式谈判，从而增加实现双赢的可能。

现实中，大多数谈判都综合了分配式谈判与整合式谈判。各方通常先会携手把蛋糕做大、共创最大价值，但此后便会摘掉和善的面具，竭力争取更多。在从整合式谈判（做蛋糕）转向分配式谈判（分蛋糕）时，我们不希望看到双重人格、一人两面的"杰克与海德"[①]。如果双方能用充分的理由说明各自主张，产生共鸣并共创价值，就会更加顺利地过渡。

何时应该妥协

通常双方不能弥合差异并达成协议时会出现妥协。一方可能会提出"分担差额"，或是"折中一下"，因为觉得这还算公平。毕竟各方都做出了牺牲，也都实现了自己的部分需求。虽然妥协看起来可能还不错，但其实并不是一种好的谈判方式。

《圣经·旧约》中有一个故事，说两个女人都声称自己是孩子的母亲，一起去找所罗门王讨还公道。所罗门王建议她们把婴儿

[①] 英国作家罗伯特·罗伊斯·史蒂文森的《化身博士》一书中的主人公，他具有双重人格，白天是善良的医生杰克，晚上则是邪恶的海德。

分成两半，一人一半。他知道，真正的母亲宁愿看到孩子在别人那里活着，也不会让孩子死在自己怀里。当然，他赌对了——不愧是以智慧而闻名的所罗门王。试想，假如这两个女人真的同意把孩子分成两半，就会造成两败俱伤的结果，但妥协往往如此。

妥协的时候，双方都做出了牺牲。虽然各有所得，但都未实现全部所想。妥协最多也就能带来部分胜利，往往无法实现双赢。

更好的方法是考虑更多方案，并试图找到一个双赢的办法。当然，这确实需要更多的努力。但也许是惯性使然，我们总会选择简单的出路，太快妥协，而从未真正努力去寻找双赢的解决方案。

应将妥协仅作为最后手段。虽然人们常用妥协的方式来进行困难的谈判，但它其实是一种逃避。先要尽一切努力来合作，争取实现双赢，若实在不行，再采取简单的方法。这可能需要双方投入时间，有毅力、有想法，并保持良好沟通，但付出总有回报，结果终将值得。

几年前，有一次我和妻子讨论去哪儿度假。她想去夏威夷，而我想去京都。我们要怎样解决这一分歧呢？

1. 我们可以头一年一起去夏威夷，第二年再一起去京都。但这样无法同时让两人都满意，要么她高兴，要么我高兴。总之，这不是最佳选择。

2. 她去她的夏威夷，我去我的京都。这也不是最佳选择，甚至可能成为离婚的理由。

3. 我们可以折中，选一个中间地方——但这样的妥协只能让我们在太平洋的某处度假，肯定不是最佳选择。

后来我们意识到，自己想去的地方其实只反映我们的立场，而想去那里的原因才能真正反映我们的利益。（立场和利益将在下一章讨论。）我问她为什么想去夏威夷。她提到以下几个理由：

1. "我喜欢轻松的假期。可去京都度假并不轻松，而是紧张忙碌，坐上旅游巴士赶路，下车参观神社，然后再回到车上去往下一个神社，就是这样。"

2. "我喜欢在热带的海滩度假。但京都既不在热带，也没有海滩。"

3. "我喜欢一边喝着东西，一边观赏日落。京都是太阳升起的地方，我不知道它是否会有绝美的夕阳。"

然后，我给她讲了我想去京都的理由：

1. "我爱好艺术。京都有很多伟大的艺术作品。而夏威夷唯一称得上艺术的也就只有椰雕了。"

2. "我还想欣赏建筑。京都有宏伟的建筑，有不用一根钉子建成而挺立数百年的木制寺庙。而夏威夷大多是'二战'后的水泥砖建筑，毫无新意。"

3. "我喜欢有历史感的地方，而京都就有特别丰富的历史。"

在确定了彼此的兴趣后，我们就要找到一个能最大限度满足两人需求的地方。哪里既有美妙的海滩和绚丽的日落，能够让人放松，又有很多伟大的艺术和建筑，具有恢宏的历史感？最后，我们去了巴厘岛，并且两人都很高兴。

思考问题背后的框架

不同的人看到同样的情况，也可能会有不同的解释。有人认为杯子半空，有人认为半满。有人看到了风险，有人则看到了机会。我们所看到的世界取决于自身视角，或者说我们的框架。

框架是一种随心的参考视角，会影响人看待某种情况的方式。虽然人们通常会不假思索地采用一个框架，但也可能会产生动摇而采用其他框架。这种塑造他人认知的能力非常强大，不容忽视。所以，双赢谈判者会思考问题背后的框架。

大家可能很熟悉汤姆·索亚给波莉姨妈刷篱笆的故事。一个阳光明媚的早晨，汤姆却要完成波莉姨妈布置的繁重任务。在汤姆正埋头苦干时，几个出来玩的孩子专门来取笑他。汤姆装作不屑一顾，并告诉他们这不是工作，是乐趣。因为他们可以随时去游泳或钓鱼，但不是每天都有机会刷篱笆。

没过多久，那几个男孩就抢着要刷篱笆。汤姆故作犹豫，表示不知道是否要与别人分享这种乐趣，结果愈加激发了他们的渴望。很快，附近的所有男孩都翘首以盼，等着拿自己珍藏的宝贝换取刷篱笆的特权。而此时，汤姆正在树荫下休息，摆弄着换来的玩具，看着别人帮他完成任务。

汤姆·索亚之所以能说服别人去做脏活、累活，是因为他构建了一种积极的框架。落入这个框架的男孩就会欣然接受他的提议。

比起追求利益，大多数人更想避免损失。在一项广为引用的研究中，诺贝尔奖得主丹尼尔·卡尼曼和阿莫斯·特沃斯基发现，因为害怕损失而产生的动机是收益前景所能产生动机的两倍。换句话说，失败所造成的痛苦是胜利所能带来喜悦的两倍。抱着尽量减小损失的心态，多数人将更加努力并冒更大的风险来避免损失。我们可以充分利用这种心态，在害怕损失这点上做文章。我们可以说，"已经投入这么多了，要是最后还没达成交易，那真的很可惜"。

另一方面，处于收益最大化框架下的人更加保守，更有可能接受一个中等收益，而不是努力争取更有利的解决方案。这类人相对更好说话。也就是说，我们应鼓励对方采用收益最大化框架。我们可以通过强调达成协议的好处而非没有达成协议的损失来影响对方。比如，可以强调为对方提供什么的框架（"我们可以让你以每月1600美元的价格拥有这套公寓"）通常比要求对方放弃什么的框架（"我们需要你每月为这套公寓支付1600美元的租金"）效果更好。

面对可能的收益，大多数人会变得更加厌恶风险——相比赢得更多，我们想守住现有收益的愿望要强烈得多。赌场老板都深谙此道。赢家往往想见好就收，紧握战果、及时退出。而失败的赌徒通常会抱着捞回来的心态继续玩。对赌场老板来说，输赢只是一个数字游戏——他们不需要知道每个客人的风险偏好，所以这种方法还算奏效。但在谈判中，了解对方的风险状况并用相应框架提出问题是必要且值得的。

了解自己的风险属性及框架也很重要。消极框架会使我们更为僵化，不愿做出更多让步，并对过程及结果更为不满。此外，还会让谈判更易陷入僵局，更快诉诸诉讼。

顶级谈判高手往往会思考如何能通过问题框架来让自己更占

优势，即通过特定的问题框定或方案措辞来影响对方的反应。在提出特定方案时，关注的是对方通过交易可以获得什么，还是不达成协议会失去什么？当然也可使用其他问题框架，如公平与不公平，流行与独特，传统与尖端，等等。但要记住，这个框架必须是可信且合理的。例如，人们在商业领域往往不喜欢使用"问题"一词，而可能更倾向于使用"挑战"甚至"机会"的框架来进行陈述。如果阿波罗13号的宇航员说："休斯顿，我们有一个机会！"那也着实离谱。

很久以前，在我们家的旧车快要报废时，妻子对我说："我们要换辆新车。"这当然是一种立场。我们的利益是要找到一种方法来满足全家人的交通需求。换辆新车可以满足这一需求，但采用其他方式可能也未尝不可。自从有车之后，家人的交通需求其实发生了很大变化。我们家附近新建了一个火车站。女儿也大了，能独立出行，不用我们开车接送了。此外，我们还可以选择优步等之前没有的共享出行方式。时代变了，我们也必须与时俱进。因此，我提议给妻子和女儿每月一定的交通补贴，这样算下来，全家人的出行费用将远低于买车、投保、加油、停车、缴过路费及道路税等综合支出。这样不仅可以省钱，还能充分满足全家人的需求。而这一切只是因为我在构建问题框架时，将交通补贴而非购买新车作为旧车的替代方案。这可真是太棒了！

然而，妻子并没有接受我的方案，她认为家里必须得有辆车，这点不容商量。所以，我们最终还是买了新车。无论是谈判还是生活，我们必须要知道何时该做出让步。

让对方更容易说"是"

亚伯拉罕·林肯说："在准备跟人讲道理时，我会花 1/3 的时间思考自己要说什么，花 2/3 的时间预想对方将会说什么。"现实中又有多少谈判者会花这么多精力来考虑对方呢？

女儿刚学会走路时，对一切触手可及的东西都充满好奇。她会跟着我去储藏室，拿螺丝刀、灯泡、电池等危险物品。我让她把东西放下，告诉她这些不是玩具，很危险，可能会伤到自己……可这些理由都不管用。我本该料到这些说辞肯定是行不通的。因为站在她的角度，压根没理由同意我的要求。她本来正玩得高兴，而我却要破坏她的兴致。

所以，我必须要以她能接受的方式重新表述我的要求。我问她："你想不想试着关个门啊？"我只能想象她的思维过程："关门？之前真还从未做过，但我觉得自己应该能做得到。这很有趣。爸爸肯定会为我感到骄傲的。"她立即放下一切，把门关上，带着胜利的笑容跑开了。她的举动正合我意，但前提是我必须以她感兴趣的方式向她表述我的意图。在她看来,此举带来的全是好处,所以毫不犹豫地就同意了。如果对她来说本就没什么要谈判或澄清的,那她只要说"是"就万事大吉了。

我有时会觉得我比女儿更强大,可以要求她服从。按照身形或力量等衡量权力的传统标准,我是比女儿更厉害。很多谈判者也会有这种想法。但这种想法往往只会适得其反,导致怨恨并破坏关系。自愿主动、热情友好的合作,岂不比勉强服从更好?

达成协议或解决冲突的关键在于理解对方看问题的方式。思考自己真正的需求及实现方式当然很重要,但更重要的是,我们要思考对方想要什么,以及对方为什么要同意我们的请求。

谈判不只是简单地向对方提出要求,而是要让对方进行决策——决定接受或拒绝我方的提议。大家可以先问问自己这些问题:

- 我想让对方做什么?我将要求表述清楚了吗?
- 从对方角度来看,他为什么会同意做这件事?
- 他将如何看待做或不做这件事的结果与影响?

这个练习应该会带来一些新的启发。首先,我们的要求必须是现实的,至少是对方可能会同意的。如果我们自己都觉得"对方肯定不会同意",连自己的第一反应都是这样,那对方可能也是如此。所以，不要只是一味地要求和索取，一定要设身处地地站在对方的立场上好好想想。对方不会对我们听之任之，而只会根据自己的意愿行事。所以，一定要努力了解对方想要什么，并切记双方所追求的东西可能并不相同。要努力以对方觉得合理的方式提出自己的要求，这样对方才有理由同意我们的想法。

要想做到这点，其中一个方法就是罗杰·费希尔（Roger Fisher）提出的"可以直接回答'是'的命题"。①首先，要使自己的要求能让对方直接明确地回答是或不是。其实很多时候，我们都并不清楚希望对方做什么。思路不清楚，提出的要求自然也不会清楚。如果要求本身都不明确，对方就更无法做出明确选择了。人在感到混乱时只会说"不"。我们要简明扼要地提出自己的要求，让对方在方框中勾选"是"或"否"即可。

其次，筹措一些激励和抑制措施，让对方发现说"是"的好处。如果无法带来更好的待遇，任何提议都不会得到对方同意。

向对方提出可以直接回答"是"的要求，指通过巧妙的措辞，让其立即能回答"是"或"不是"。我们如能真正了解对方的想法和利益，并通过恰当的方式加以表述，相信一定会得到肯定的答案，听到期盼的那声"是"。

---

① 第一次遇到"可以直接回答'是'的命题"这个概念是在罗杰·费希尔教授的《国际冲突入门》（1969年）一书中。根据费希尔教授的比喻，你让对方知道谷仓里有胡萝卜是不够的（第二步），必须先让他们看到谷仓的门（第一步）。

态度与信心

双赢谈判者的态度是最重要的工具。双赢谈判者是积极、乐观、协作和客观的,深知双赢的结果并非偶然,而是系统性地应用某些原则的结果。这些原则包括:

- 将谈判视为需要与对方合作解决的问题。不要一进入谈判,就满脑子都是击败对方。比起胜负分明的结果,要想办法达到双赢。想办法做大蛋糕,这样各方也就能相应地分得更大的蛋糕。
- 要客观。不要在对方身上投入过多的个人感情。要意识到情感和偏见的影响。小心精心安排表象之下的风险。
- 要积极乐观。目标要定得高一点。谈判者的期望值越高,最终的收获就越多。要设定一个积极的目标并证明其合理性。
- 要有毅力,不断探索创造价值的方法并给出方案。请记住,人们之所以很少实现双赢,并不是因为做不到,只是仍未找到双赢的解决方案。除非万不得已,不然不要轻易妥协。
- 牢记 B 计划[①],因为它随时都可能派上用场。谈判是个自

---

① 熟悉谈判术语的读者可能知道这里所说的"B 计划"就是 BATNA,即"通过谈判达成的最佳协议方案"。这一概念由罗杰·费希尔和威廉·尤里在其标志性著作《谈判力》(1981 年)中提出。费希尔教授是带领我进入谈判领域的第一位老师。虽然对他崇敬有加,但我并不喜欢 BATNA 这个词,原因有二。(转下页)

愿的过程。如果不能以满意的条件实现所想,就要另谋出路了。不交易总比烂交易好。
- 把谈判当作一个游戏。学习规则,练习技巧。认真对待游戏,但不针对个人。享受游戏的过程,并努力不断成长。

最成功的谈判者是自信的。信心在很大程度上取决于态度,这是谈判者积极向上、准备充分且饱含期望的一种感受。准备好了就会有信心,没有准备自然就没信心。如果还没准备好,就不应该开始谈判。

信心不仅仅是一种感觉或心态,更是一种内在的东西。信心也是谈判者在对方眼中的内在样子,在很大程度上是感知的问题。也就是说,即使感到有些犹疑或不确定,谈判者也还是可以表现出自信的样子。展现自信的方式包括:

(接上页)第一,这个词很难懂。在我的谈判课上,即使是之前接受过谈判培训的学生,也经常对这个词印象模糊。学生们大多都想不起这些字母代表什么,更不用说其含义了。而 B 计划则非常直白易懂,人人都能理解。

第二,这个术语有误导性。假设我想买你的车,但在谈判中没能达成一致,那对我来说,最好的替代方案是什么呢?虽说偷显然是一个替代方案,但我是肯定不会这样做的。最有可能的其实是我与别人谈判并达成协议,购买类似车型。这听起来根本不像是什么替代方案,几乎就是再进行新一轮谈判。(我知道,这里的"替代方案"确实具有特定的含义;人们如果记不住这个缩略词,那可能也记不住替代方案的特殊含义。)不过,如果追求语义纯粹,那人们大可以把 B 计划中的 B 理解为 BATNA。

- 自如地与他人相处（微笑、友好、外向、平静和放松）。
- 适当的身体语言（眼神接触、握手、姿态、手势）。
- 话语坚定（不一定要大声）、确信、有分寸。口齿伶俐，声音低沉，是很大的加分项。
- 明确果断，避免使用"也许、有点、我想、嗯"等含糊的词语表达。
- 成功人士的着装打扮（服装、仪容、配饰）。
- 热情！

你也可以成为在商业交易中更自信、占上风的那个人。

深度思考并说明理由

大多数谈判者都会不假思索地拒绝一个提议或建议，也许还会立即还价进行回应。他们觉得通过坚定地表明自己的需求及底线，可以展现自信与力量，担心犹豫会被对方看作软弱的表现。拒绝提议会赋予他们一种掌控感：让他们感觉自己才是驾驶位上的司机，绝不会被任何人牵着鼻子走。

双赢谈判者对此则有更深刻的理解。直接拒绝是一种侮辱，表明对对方缺乏尊重。提议是对方思想的延伸。断然拒绝对方对谈判毫无帮助，可以通过适当的停顿来认真考虑其提议，以示对提议及对方的尊重。

此外，认真思考对方的提议，能避免因为断然拒绝而错失其中的一些机会。经过认真考虑后，双赢谈判者会说明自己欣赏和抵触的地方。相比断然拒绝，哪怕只是抓住对方提议中的一丝价值，都会使谈判者在对方那里得到更高的评价。请记住，双赢解决方案是双方合作共同解决问题，而不是比谁的意愿更强烈。

我们拒绝提议的潜台词，其实是"我不喜欢你的想法，我以自己的方式行事"。但是，通过考虑对方提议，紧抓共识，再做文章，我们仍然可以达成比较理想的结果——区别就在于，让对方觉得"我就是这么想的！"这就是那句老话的精髓：外交（其实就是谈判）是让对方随心所欲的艺术。

最后，说明自己对提议有意见的理由。对方想知道原因。说明理由会使拒绝更容易被接受。这也有助于谈判对象了解我们的需求和利益，提高达成双赢解决方案的可能性。

双赢的关键

虽然人们总说想要实现双赢，但事实上，这种结果并不常见。以下几个因素可以增加实现双赢的概率：[1]

关注利益而非立场

- 立场是我们声称（可能确实也这么认为）的需求，而利益是我们想要通过谈判真正得到的。确定自己的真正利益并不容

---

[1] 罗杰·费希尔，威廉·尤里，《谈判力》，1981 年。

易,更不用说明确谈判对象的利益了。我们认为自己想要的东西可能并非真正需求。当局者迷,有时我们必须跳出既定框架,才能看到个中差别。对方也是一样,可能根本不清楚自己的利益是什么。识别并处理好自己与对方的利益,而非立场,是谈判达成双赢协议的关键之一。

了解筹码

- 无论有形(金钱、物品)或无形(自我、平和的心境、品牌),只要能在谈判中进行交换,任何有价值的东西都可以是筹码。筹码有时很难识别,如果不珍视自己所拥有的某种资产,我们可能不会意识到这种资产之于对方的价值。我们甚至根本没有意识到它的存在。了解可用筹码有助于我们实现双赢。

引入多个问题,给出多种选项

- 选项是解决谈判问题的可能方案,也是一系列筹码的组合。谈判中可能有许多潜在解决方案,而我们可能只想到了其中一个或几个,并直接将其中一个视为最佳方案,未曾意识到可能还有更好的方案。我们所给出的选项越多,就越有可能找到双赢的解决方案。如果只围绕价格等单一问题进行谈判,那就预设了胜负分明或部分胜利的结果。

使用公平、客观的标准

- 我们需要说服谈判对象(并助其说服其他利益相关者),我们的提议是有价值的。按照合理的标准衡量提议,向对方说明提议的好处并使其信服。这个标准可以是有竞争力的价格、先例、指数、行业惯例或其他。

良好沟通，信息共享

- 谈判是一种说服性的沟通方式。因为害怕给对方带来优势，所以大多数谈判者不愿意分享信息，但这也使帮助彼此解决问题变得更加困难。虽然有些信息确实不应泄露，但分享利益信息是实现双赢的关键之一。

基于信誉和信任的良好关系

- 在商业关系中，信任对于促进沟通和简化谈判过程来说非常重要。关系糟糕或缺乏信任虽然并非无法克服的难题，但确实会让谈判更具挑战。

创造性思维

- 创造性思维的本质是在事物或想法之间建立联系，并理解其中的关系。具有创造性的谈判者能够敏锐地认识到谈判的模式，知道何时应遵循模式，按既定套路出牌；何时要打破模式，反其道而行之。以往的事例、公认的做法、规范及其他模式为我们提供了捷径。遵循旧有模式可以让生活变得更加轻松，至少大多数时候是这样。然而，走前人走过的老路（遵循旧有模式），只会得到前人所能得到的结果。如果我们要追求双赢这样更高的目标，就要另辟蹊径，换个思路和行事方式。一般谈判者与双赢谈判者的差距就在于只能提出显而易见的解决方案，而非创造性地进行思考。

对于立场、利益、筹码和选项这些谈判中的关键概念，前面的章节其实尚未展开细讲。我们将在下一章详细探讨。

第三章

双赢策略

"支付的是价格,得到的才是价值。"

——沃伦·巴菲特

立场与利益

达成双赢协议的关键之一是了解立场和利益之间的区别。虽然这两个词经常可以互换，但它们并不一样。

立场是谈判中各方提出的要求和提议。

利益是各方最重视的东西，即真正的需求，或者说是其需求背后的原因。

简单来说，立场是我们说出来的需求，而利益是我们真正的需求。也许很难相信，许多人其实只是以为自己知道想要什么，但可能并不清楚自己真正的利益是什么。

用经典的冰山理论来解释利益和立场的关系，可能会对大家的理解有所帮助。如果说立场是冰山浮在水面上的一角，那利益就是隐藏在水面之下的重要根基。由于它不在人们的视线范围内，所以鲜为人知。我们要做的就是探寻表面之下真正重要的东西。

假如你跟老板提了加薪，老板告诉你，他也很想批准，但确实没这个预算。这时，你要么辞职另寻"钱途"，希望找到跟之前一样热爱的工作；要么郁郁寡欢，满腹怨言地继续工作。没有人是赢家。

你真的需要加薪吗？还是这只是你的立场，只是你觉得想要？你为什么想要加薪？你的真正利益是什么？它可能不是钱本身，而是维持或改善生活的手段。虽然加薪是一种方式，但也有其他方式同样能让你获得利益。公司配车、健康福利或住房补贴可能也能达到这个目的。即使无法加薪，老板可能也会选择其中一种方式来让你获得利益。

立场可能是获得利益的一种手段，但不一定是唯一或最好的。

专注于立场是没有成效的，还往往会导致利益被忽视。如果坚持各自的立场，你坚持想加薪，老板则坚决表示不能加薪，那就没有人会考虑到可能维护彼此利益的其他选项。

人们会囿于自己的立场。放弃或改变立场会让人觉得自己优柔寡断，失了面子。由于总是想努力表现得坚强、始终如一，人们甚至都没有注意到，捍卫立场可能有违自身利益，既会影响自己，还可能会破坏双方的关系。

不要在立场上纠缠不休，而要专注自身利益，认清什么对自己来说最为重要。同样重要的是给予对方利益，至少是部分利益，否则谈判可能会无法继续下去。

明确利益

对于自己或对方提出的任何立场，都要问"为什么？有何目的？"借此来发现每个立场背后的潜在利益。然后根据经验，确定是否有至少一个方法能满足需求。

例如，你可能希望加薪，以此来体现公司对你多年来贡献及价值的认可；但通过晋升、改善福利和扩大责任职权等其他方式也可以满足你的渴望，让你获得认可。因此，一开始你的立场可能是"我想加薪",但你的真正利益需求可能是"我应该得到更多的认可"。

讲一个大家可能都听过的老故事——一个橙子引发两姐妹争吵。两姐妹坚持各自立场,即自己应得到这个橙子。很明显,她们不可能同时拥有这个橙子。最终,经过一番争论,姐妹俩说出了自己的真实想法。一个想喝橙汁,另一个则是想把橙皮磨碎作为蛋糕的配料。

姐妹俩最初的立场无法协调、不可兼得。如果一个人得到橙子,另一个人就得不到,一定要分出个胜负。或者和大多数追求公平的人一样——妥协!她们可以把橙子切成两半,这样每个人都能实现部分需求,但都无法完全实现所想。半个橙子可能既不能榨出足够多的橙汁,也没有足够多的果皮来做蛋糕。两姐妹谁也没得到满足。更糟糕的是,双方拿着本不需要的果肉或果皮,根本无法物尽其用,徒劳无益。理想情况下,我们希望在谈判中优化分配,不漏掉任何一个可用筹码。

只有通过明确和分享利益,她们才会找到完全满足彼此需求的方法。这样一来,即使立场不一,双方也都能充分满足自己的需求。

可能有人觉得这个姐妹俩争吵的故事完全是编排好的,根本不会在现实世界中发生。但这确实会发生,而且发生的概率还很大。

1979年,埃及和以色列签署了一项和平条约。该协议签订过程中,西奈半岛的归属问题一直是一个绊脚石。西奈半岛历史上本来是埃及的一部分,在1967年的"六日战争"中被以色列占领。

以色列坚持保留其全部或部分领土，而埃及则要求保留整个地区。双方的立场显然是不一致的。

在明确了彼此利益后，双方才最终达成了协议。事实上，以色列想要的并不是领土本身，而是这一要塞所提供的安全缓冲区；埃及并不是想得到半岛的所有主权，而只是希望其传统遗产能得到完整的保护。最终，埃及愿意将部分土地解除武装以获得主要利益，而以色列也愿意归还土地以换取安全保障。双方利益都得到了充分维护，这是一个双赢的结果。

确定利益的优先次序

我们要把可能从谈判中得到的所有东西列成一个愿望清单。对于每个项目，（也许要不止一次地）问自己"为什么需要"以确定真正的利益。对所有愿望进行优先排序，想清楚哪些对自己来说是最重要的。对于简单的谈判，把需求分为高、中、低三个优先级可能就足够了，或者分成必须拥有、真正想要和拥有了更好这三类。

"所有需求对我来说都很重要！所有这些，我都想要！"这种想法确实很诱人，但其实并不是所有东西都同样重要。为了使优先事项更加现实和节制，首先要列出所有利益，然后确定各项利益的权重，并使各项利益的权重之和为100。这将有助于我们关注对自己最重要的事情，避免为了一些琐事（博人眼球的粉饰！）而忘记主要目标，不至于枉费大好价值而只换得次要目标。

尝试预测对方的利益及优先事项。我们可能无法对其进行准确排序，但也许可以判断出对他人来说非常重要、比较重要或不重要的事情。

分享利益信息

我们往往很难想象双方在谈判中的保密意识到底有多强。谈判者彼此交谈和倾听，但往往不会分享很多信息。对于谈判来说，信息即权力，这点毋庸置疑。我们当然希望比对方拥有更多的权力，所以才会表现得好像所说的任何话都可能会对自己不利一样。但是，掌握所有信息，把点滴数据都当成最高机密，反而可能会适得其反。

谈判者对信息披露的警惕程度大多都远超需要。我们在前面说过，谈判可以被视为共同解决问题的过程。如果不与谈判对象分享信息，那他怎么能帮你解决问题呢？如果谈判对象了解你的利益，就可能会想到一个你自己都可能忽略的解决方案。常言道，人多智广嘛。

还记得那对拌嘴的姐妹吗？由于激烈的冲突，她们将对方视为竞争对手，所以才不愿坦诚相待，更不要说分享关键信息了。但如果有一人先开口说"我想要橙子，因为想把橙皮磨碎做蛋糕"，情况又会如何？那另一个人可能会回答"只是这样？我就是想喝杯橙汁"。这样一来，问题不就解决了？

分享利益信息会提升信任，进而会增加实现双赢的可能。我们很难信任一个行事隐秘的人。如果我们主动分享信息，那对方很可能也会做出回应。双方都会受益，皆大欢喜。

但如果对方没有回应，我们又该何去何从？这将致我们于不利吗？答案是否定的。即使对方没有回应，分享利益信息也是取得双赢结果的关键。公开自身利益可以使对方更有可能为我们提供帮助。我们无须同意任何不能满足自身利益的事情。对方如果了解我们的利益，也许就可以找到满足我们需求的方法。如果我们分享了自己的利益信息，而对方却不回应，这只会增加我们帮助他们的难度。

一般性的规则是，我们应该分享自己的利益信息，而慎重考虑是否要分享其他类型的信息。我们可能不想透露自己的底线、B计划、最后期限、商业秘密等其他敏感信息，至少不想很快就分享出去。但不要预设永远都不会披露敏感信息，而应随着谈判的进展重新评估分享敏感信息的价值。

例如，我们可能不会在早期主动提供预算或时限信息。销售人员要是知道了我们的预算，肯定会想方设法地套牢兜底。而就算我们愿意花掉全部预算，销售人员还是会要求更多。透露预算是非常现实的一种考验。对方一旦意识到无法实现需求，就可能会变得更加宽容，以完成交易。

同样，假如我们面临非常紧迫的截止日期，不巧的是，还让对方知道了这一信息，那对方可能就会利用这点向我们施压，达成对我们不太有利的交易。但是，如果我们对自己的提议很满意，而对方企图使用拖延战术攫取更多利益，那我们就可以透露我方最后期限，并向对方施压，以使其迅速接受我们的条件。

随着谈判不断展开，即使过早透露了可能会对自己不利的信息，之后也仍有可能扭转颓势，对自己有利。对于某项信息最好是分享还是保密，我们还是要不断评估，再做定夺。

筹　码

无论有形或无形，只要能在谈判中进行交换，任何有价值的东西都可以被当作筹码。人们最熟悉的筹码当然还是金钱及其可换得的产品或服务。但还有许多其他筹码，包括支付方式、交付进度、风险分配、时间安排、补充条款及条件、品牌声誉、情感需求、认知观念等。这不仅仅是价格问题。

如果只是就价格进行谈判，那我们其实已然看到了胜负的结果。假如正在就瓶装水的价格进行谈判，我口袋里每多出1美元，就意味着你少收了1美元。但如果买1000箱，那我能否得到折扣？如果当天支付现金，而不是30天后寄付支票呢？如果我想在标签上印上公司名称呢？又或者放弃普通的设计而采用别致的仿水晶瓶呢？现在我们不仅有价格这一筹码，还有很多筹码可以用来交易。我们能引入的筹码越多，选择就越多，而通过其中一种选择实现双赢的机会也就越大。

我们要如何为谈判中的筹码交换做准备呢？首先，把对方希望交易且我们拥有的所有东西列一个清单。再强调一下，是所有东西。对方可能有情感需求和无形需求等许多不易察觉的需求。例如，相比高价或佣金，销售人员更感兴趣的可能是通过快速成交给老板留下深刻印象、赢得月度销售竞赛，或重整旗鼓、一转颓势。我们能识别并满足的需求越多，我们的价值就越大。

然后，想想对方拥有且我们希望通过协议实现的一切需求。我们很可能无法逐一实现清单上的所有需求，但重点是要知道自己缺少什么。然后像之前一样，对清单内容进行优先排序。这将有助于我们专注于自己的真正利益，避免受到一些无关紧要的琐事干扰。

我经常会在谈判主题研讨会上问参与者是否愿意与唐纳德·特朗普进行谈判。大多数人都会面露难色，笑着说"不"。虽然我仍会追问"为什么不呢？"其实，答案已经了然于心。面对态度强硬、令人胆怯的"生意通"特朗普，他们完全不认为自己会在谈判中表现良好、占据上风。

但也有少数人举手表示想和这位唐纳德先生过过招。他们通常给出的理由是，虽然可能无法达成最佳交易，但他们可以从这段经历中学到东西。

我认为还有一个原因：这将是未来谈判中的绝佳谈资。试想一下，你在谈判中说"这让我想起了几个月前我们与唐纳德·特朗普达成的一项协议。我们达成了××条款……"这时对方就会想："哇！这人竟然和特朗普谈过生意？不错，不错，绝对是超出之前想象的大人物！我要谈成这笔生意。"这样在不经意间提及特朗普的名字，无论是在声誉还是在心理上，对你都有好处。而且可以肯定的是，特朗普知道跟他谈生意本身就是一种无形但极具价值的筹码，且一定会加以利用，并将其纳入谈判要求之中。

我们可能不是唐纳德·特朗普这样的名人，但还是能够找到其他难以察觉的筹码，并从中提取附加价值。

> 许多年前，我参加了一场 Cheap Trick 乐队的演唱会。主音吉他手里克·尼尔森有一个习惯，把拨片扔到观众席上，然后迅速拿起另一个继续演奏。整个晚上，拨片在我身边飞来飞去，但我一个也没拿到。由于当时还没有互联网或易贝，所以如果想要里克亲手用过的拨片，那我必须当场拿到。
>
> 我在最终返场后走上舞台，想碰碰运气，看能不能捡到一个，结果碰了一鼻子灰。我叫住了一个正忙着收拾设备的工作人员。
>
> "嘿，这儿还有拨片吗？"
>
> "对不起，兄弟，他们都捡走了。咳，咳……咳咳咳！"
>
> "你好像咳嗽得很厉害。"
>
> "是啊，老兄，我嗓子快疼死了。咳，咳。"
>
> 当时是冬天，我们还在室外。那段时间我也在咳嗽，而且正好兜里有止咳药。我看到了机会。
>
> "我这儿有止咳药。如果你能帮我找到一个拨片，这些就都给你了。"
>
> 他走向了乐队拖车，几分钟后带着一个拨片出来了。我们达成交易，各取所需。双赢！

我得到了一件真正的摇滚纪念品，即使在硬石餐厅也有一席之地，是我非常珍视的宝贝。为此我放弃了什么？少量止咳药，成本不高。只要20分钟车程，我到家就有一整袋。

　　这位工作人员已经在寒风中工作了几个小时。在陌生城市的夜晚，他本来就没车，附近又没有药店，这些止咳药能让他在那一刻获得些许慰藉。那给我拨片对他来说有任何损失吗？没有！演出后台有很多，只要从那儿拿来就好！

　　我们两人都得到了自己非常重视的东西，也并未放弃任何对自己有价值的东西。这就是谈判炼金术——"无中生有"，凭空创造价值。确实不错！

　　你说这只是运气？不，我了解对方的需求，也了解自己手中的筹码，而他并不知道我有止咳药。通常，一方或双方其实并不了解筹码。这就是信息交流的价值。

　　虽然很高兴得到这个结果，但后来我意识到，我可以做得更好。

谈判炼金术：巧用筹码

　　我们常常认为，别人看待问题的方式和我们一样。我们理性而成功，拥有今天的成就肯定也不无道理。我们当然知道什么是正确、有利和重要的。如果我们想要，那其他人也一定想要。如果我们重视，那其他人也一定会重视。

当然，人们对事物的看法也都是见仁见智。看到同样一个橙子，姐妹俩一人想喝果汁，一人则想烤蛋糕。想喝果汁的人觉得果皮没用，而需要橙皮的人则对果肉漠不关心。

有的国家想要土地，有的国家则只想要安全。

有的员工想获得认可，有的员工则只想提高收入。

我们对自身需求都有自己的理解，这是件好事儿，可以让我们更好地找到双赢解决方案。

问题是我们会错误地认为其他人和我们一样。要知道，他人与我们不同。我们要认识到并利用这些差异。人们以不同方式看待事物为实现双赢结果创造了机会。

先以野地里的牛粪为例。不必多说，这些被牛排出体外的废物对牛没有任何价值。但偶然发现牛粪的农夫则会想："我既能拿它盖房子，又可以用它生火做饭，为家人取暖，还能给庄稼施肥，改善生计。"对农夫来说，这些废物贵如黄金。

再来看身边的例子，一位餐厅经理正在思考如何处理用过的食用油。她可以直接把油倒在巷子里，但可能导致恶臭漫天，还可能面临受到卫生检查部门传唤的风险；也可以花钱让垃圾处理公司打包带走；又或者将其卖给一家能将废油转化为燃料的公司。

一个人眼中的垃圾，却可能是在另一个人眼中的财富。很多时候，我们对某些东西的重视程度远远超过对方，反之亦然。这是一个创造价值的理想机会。如果我们只少量付出，甚至无须任何付出，就能为对方提供对其相当重要的事物，那其中的好处自不必多讲。对方也一样。双方都通过少量牺牲获得更多利益，这其实就是（或几乎就是）从无到有、凭空创造价值的一个过程，也是达成双赢协议的一个关键。

> 凯尔·麦克唐纳是一位打零工的加拿大青年，同时也是对未来很有想法的博主和作家。2005 年，他在网上发布了第一则以物易物的广告——他想用一枚红色回形针换取任何更有价值的东西。大约一年后，他完成了第 14 次也是最后一次交易。他总能充分发挥交易品的最大价值，每次都成功换取了更具价值的物品。他的交易品分别是：
>
> - 一枚红色回形针。
> - 一支造型新奇的鱼形钢笔。
> - 一个纯手工打造的陶瓷门把手。
> - 一个野营炉。
> - 一台 1000 瓦的发电机。
> - 一个用霓虹灯勾勒出百威啤酒标志的啤酒桶。
> - 一辆雪地摩托。
> - 去加拿大落基山脉亚克村的一次旅行。
> - 一辆面包车。
> - 一份唱片录制合同。
> - 在亚利桑那州凤凰城的一栋房子里一年免租金住宿。
> - 与摇滚明星爱丽丝·库珀共度一个下午。
> - 一个 Kiss 水晶球（是 Kiss 乐队，可不是 Kiss 糖）。

- 在好莱坞电影中有偿、有台词的一个角色。
- 加拿大萨斯喀彻温省吉卜林镇的一栋两层农舍。

麦克唐纳的这些交易，有些似乎还价值相当。比如，用发电机换带有霓虹灯标志的啤酒桶，听起来还算公平。

可有些却像是天方夜谭。用一个水晶球换取一个电影角色？真的是难以置信。即使对想要的人来说，一个水晶球一般也就值几美元；但对于拥有大量藏品的水晶球爱好者来说，一个特别的藏品可能价值连城。很多人也许会为一个电影角色争得头破血流，但对好莱坞制片人来说却稀松平常，小事一桩。

人们往往会为筹码赋予不同的价值。也正是这种差异，开辟了一个充满可能性的世界，让人们在谈判中更有可能取得有利结果。

与麦克唐纳进行交换的这些朋友看重的其实不仅仅是他们所交换的有形物品，而是参与到这一异想天开的交易中。他们在意的可能是这段经历本身，想获得点儿名气，又或者只是单纯想帮忙。

吉卜林镇让出了一套房子，但得到了很多回报。他们仿照选秀节目《美国偶像》让电影角色试镜，为镇上筹集了一些资金，并建造了世界上最大的红色回形针作为城镇地标。这些为吉卜林这样的小镇带来了大量的关注。这些筹码虽然可能很难用金钱衡量，但对该镇确实意义非凡。

> 凯尔·麦克唐纳几经努力后，不仅拥有了自己的房子，还出版了一本书记录这一经历，并开启了自己的演讲生涯。现在的他，事业顺风顺水，甚至把那套房子又捐给了吉卜林镇。而且不管怎么说，他还见到了爱丽丝·库珀。

为确定双方重视程度不同的事项，可以从以下几个方面考虑：

价值认知

- 有些人愿意花更多的钱来挣个面子，以抚慰自尊，只图表面光鲜。即使能以更低的价格买到同样款式、颜色和面料的衬衫，他们还是会花高价买一件手工缝制了设计师标志的衬衫。有些人只穿带有特定标志的衬衫，而有些人则对标志毫不在意，还有些人甚至很讨厌这种宣传方式，宁愿要一件普通的衬衫。对价值的认知至关重要且因人而异。

风险

- 不同的人会有不同的风险预测。有些人厌恶风险，有些人则会大胆地接受风险。如果谈判对象愿意承担交易中的某些风险，那么即使是更加厌恶风险的一方，也可能会愿意做出更多让步。大多数人都很讨厌风险，并会购买保险以降低风险，而保险公司则喜欢风险，因为这正是其生财之道。

整合相似资源，实现规模经济

- 规模就是力量，或者说数量即力量。两方或多方可以分析各自需求，共同与供应商谈判以获得更有利的价格。例如，一家小型社区超市的谈判力肯定远不及沃尔玛，但如果多家个体商户联合起来，其实还有的谈，也许还能从厂家那儿拿到更低的价格。

整合不同资源，共同完成双方无法单独完成的任务

- 具有互补属性的实体可以创造协同效应。例如，土地所有者和建筑承包商可以成立一个合资企业来开发房地产，以期获得可能比任何一方单独经营更高的回报。

通过交换认知价值不同的筹码，各方都能实现"以少获多"。哪些对我们来说无关痛痒的让步，可能会为对方所看重？哪些对于他们轻而易举的事情，对我们却价值非凡？通过关注利益并充分利用具有不同认知价值的筹码，我们将更有可能实现双赢。

提供更多选项

谈判的目的不仅仅是说服对方以实现自身需求，还是为了改善现状，使各方都比没有达成协议时过得更好。谈判是通过共同解决问题以实现互利，而不是以牺牲对方为代价来争夺利益。在众多可能的选项或提议中找到谈判困局的解决方法，即为选择的意义。也就是说，关键是我们的选择或选项能否让情况得到改善，是否让我们比没有进行谈判时过得更好。

选项是谈判的可能解决方案，也是一系列筹码的组合。选项越多，我们就越有可能从中找到双赢的解决方案。

回想一下两姐妹分橙子的情景，她们有哪些选择？如何解决这个问题？可以把橙子让给对方，或者把橙子切成两半，误入妥协的歧途，也可以抛硬币或抽签来决定橙子的归属。她们还可能会因此发生争执，或是引入一些其他筹码出价竞标（香蕉、草莓、电视节目的选择权），并就所有水果的分配（及遥控器的控制权）达成协议。最终，她们在众多选择中找到了一个能实现双赢的选项：一人榨橙汁，一人磨碎橙皮。

这对姐妹有很多选择，肯定还有我们没想到的其他办法。其中大多数都是胜负分明或各有输赢的解决方案，只有一个是双赢解决方案。

大多数选择，尽管不尽如人意，但最起码都很容易构思。而提出双赢方案则会更具挑战。很多时候，为图便利，谈判者会接受一个自己看来足够好的结果。而优秀的谈判者往往懂得如何识别筹码，并将其组合形成各种选择，设计出能使双方利益最大化的最优选项。

我们最喜欢的 3 种选项

大多数谈判者在谈判开始时心里都会有 3 个选项：

1. 可以达成的最佳交易（通常是难以实现的理想）。
2. 可以接受的最差交易（只比底线好一点点）。

3. 最可能达成的协议（通常涉及低效的妥协）。

如果只有范围有限的选项，可能会带来几个问题。首先，我们其实并没有真正了解自己能达成的最佳交易。基于对彼此筹码和需求的假设，我们可能还会基于自己有限的视野对结果抱有一定期待。由于受到原有立场的局限，我们甚至可能根本都没注意到对自己更为有利的一些东西。

同样，我们也无法确定自己可以接受的最差交易。虽然可能在心里有个底价，但其他筹码的或新信息的引入还是可能会改变我们的想法。假设我们在一次零部件交易中已经打定主意，决定可以接受的最低价格是每单位93美分。但如果买方可以支付现金，直接在工厂交货，订购量比平时更大，又或者除部件外还想购买一些印字包装，等等，我们可能就会接受更低的价格。

此外，一心想着有限的几种选择，可能会让我们盲目自信，误以为自己已经准备好了。可事实上，准备好应对谈判中可能出现的各种不确定情况是非常必要的。但这并不是办法，谈判的范围完全是根据立场而非利益确定的。

在生成选项时，首先应列出自身利益并确定其优先次序，然后列出自己所具备的全部筹码，并尽可能完整地列出对方的利益和筹码。切记，选项是谈判中可能存在的解决方案，而筹码则是选项的基础。

从筹码中创造选项

要为谈判做好准备,首先必须了解自己真正的需求是什么。大家可能会惊讶地发现,很多人甚至不确定他们到底想要什么。

之后就是要尝试预测谈判对象的需求。我们可能永远都无法确定对方想要什么,但只要有一定的预想和研究,我们就可以对其建立起相当的认识。一定要在后续讨论——打好基础和讨价还价阶段——检验这些假设。

最后,整合这些筹码,形成一系列的组合,或者说选项。谈判桌上的利益和选项越多,达成双赢协议的机会就越大。

通过关注那些注重利益而非立场的选项,我们可以为各方创造更多价值。各方都可以提供某些筹码来吸引对方。前面也说过,选项是一系列可能筹码组合中的一种,比如:

- 选项一　甲方提供筹码A、B、C,乙方提供筹码X、Y、Z。
- 选项二　甲方提供筹码A、D、F,乙方提供筹码V、Y、Z。
- 选项三　甲方提供筹码A、D、E,乙方提供筹码W、X、Y、Z;以此类推。

任何选项(一组筹码)都是一个潜在的解决方案。显然,只要对方可以接受,我们肯定希望提供的筹码越小越好,越便宜越好,越简单越好。请记住,有些东西虽然对我们来说无足轻重、唾手可得,但对对方来说却可能价值连城、至关重要。

同时提供多个等价条件（MESOs）

单纯通过反复试验判断对方最看重的条件当然也是个办法。也就是通过不断报价和还价，屡战屡败，屡败屡战，努力弄清楚对方究竟想要什么或不想要什么。这种方法既耗时又低效，而且可能无法深入了解对方真正的需求。

一个更好的方法是使用"同时提供多个等价条件"策略。我们可以问对方："你喜欢选项一还是选项二？"再次强调，选项是一系列筹码的组合，我们可以把不同的筹码放入不同的组合来形成很多选项。如果对方对两者都不满意，那就继续追问对这两个选项满意或不满意的地方，并据此向其提供选项三和选项四。然后以此类推，直至达成协议。

关于"同时提供多个等价条件"策略的使用，这里有一个形象的比喻。在配眼镜时，验光师并不会随意拿出一副眼镜让人试戴，一直试到最合适的度数，这是毫无意义的。相反，他们会采取一种系统性的方法，即更换试戴架上的镜片，同时不断询问："这个好……（换镜片）……还是这个好？是这个……（换镜片）……还是这个？"这样很快就能调整到最合适的度数，然后眼镜就配好了。同时提供多个等价条件的概念也大抵如此。

视力表的最上面通常都是一个大号的字母"E"。而在MESOs策略中，字母"E"所代表的"等价"（equivalent）概念也很重要，即同时向对方提出多个对自己价值相当的条件。换句话说，我们对选项一和选项二的意愿度相同，只是在考虑哪种选项对对方更有效。

使用 MESOs 策略其实也是在向对方释放一种信号,即"我们灵活且关心他人喜好,不会把自己的提议强加于人"。此外,通过 MESOs 策略,我们还可以收集有关对方利益的信息,使提案与其需求相匹配,从而系统性地提高达成双赢协议的机会。

第四章

谈判力与 B 计划

你得知道何时持有,何时收手,何时退出,何时逃跑。

——肯尼·罗杰斯,《赌徒》

我在谈判主题研讨会上经常会问这样一个问题：通常在谈判中，谁的谈判力更强，是对方还是自己？绝大多数人都认为对方的谈判力更强。这在数学上其实不太能说得通，按理说应该是对半开的。由此，我们可以得出以下两个推论：

1. 谈判者普遍认为对方占上风。
2. 如果有这么多人都觉得对方的谈判力比自己强、更有优势，那对方也很可能这样认为！

与谈判对象相比，我们也许会欲振乏力。但从上述发现中，我们应得到启发，并意识到谈判力也分很多种。即使在某些方面有所欠缺，也可以用其他影响力来进行弥补。

正当权力

正当权力指与某一职位或职务相关的权力。例如，无论是公司副总，还是政府部门主管，这些职位都意味着相应的权力。任何担任这些职务的人都将拥有相应的权力，而不管其智力、能力或个性如何。

正当权力往往会通过骄人的头衔、华丽的办公桌椅和豪华的会议室体现出来。拥有这种权力的人不仅可以影响政治大佬和企业巨头，还与媒体交好，有一批忠实的随从任其吩咐。他们往往会穿着昂贵的定制西装，戴着精致的瑞士手表，在最高档的俱乐部招待客户。不难看出，这会使任何不属于贵族圈的人都感到胆怯。

我们也许没有对方那样华丽的头衔，但要知道，有些头衔只是浮云。尽管对方确实顶着高级头衔，穿着高档套装，出入高级俱乐部，但现在坐在我们对面的也许是个软弱的谈判者。

我们总是会痛苦地意识到自己的最后期限、销售目标、预算限制及其他压力。然而，我们可能并不知道，而且对方同样不太可能告诉我们，自己正承受着什么压力。每个人都有自己的问题、忧虑和弱点，即使是唐纳德·特朗普和理查德·布兰森爵士这样的名人也一样。

大多数人都倾向于放大自己的弱点，并假设对方的立场更坚定、强势。在面对看似强大的谈判方时，我们可以提醒自己，他可能也有自己的问题。也许他也面临着达成交易的压力，而且可能并没有他表现出来的那样强大。我们必须忽略权力的外衣，专注于自己的利益。

还要记住，相对于其他类型的权力，金钱和地位等传统权力来源已经不像以前那么重要了。

专业知识

专家指在某一特定领域知识渊博、技能超群的人。在今天这个纷繁复杂且高度专业化的世界里，专业知识是比头衔更重要的权力来源。

就像我自己，之前也会因为电脑的问题向十几岁的孩子求助。尽管他们年轻，也没有任何头衔，但他们在计算机领域有超强的专业知识，所以这些年轻人对我来说具有绝对权威。他们让买什么，我就买什么；他们让花多少钱，我就照单全付。

专业知识也许是当今最重要的权力形式，且任何人都可以培养出来。我们具有什么类型的专业知识？如何在该领域或其互补领域积累更多的专业知识？专业知识的提升可以增加我们的谈判力。

我们的专业度可能广为人知。但如果不是，那必须（巧妙地）让对方知道我们是专家，确保他了解我们的资历。我们要通过提问显示出自己的高度理解力，使用适当的术语，并提及相关的经验。让对方认识到我们的专业度，可能会对对方产生积极影响，并进而取得更加有利的结果。

装腔作势或大肆宣传可能会影响我们展示专业度的真实性。可能只有与所谓的专家谈判过一次之后，我们才能真正记住这一点。不要被骄人的头衔、流利的表达或自信的举止所迷惑，这可能都只是对方表现出来的假象。但不管怎么说，对方只是个普通人，也希望从谈判中获益。

就算对方是货真价实的专家，我们也千万不要退缩。专家并不总是正确的，他们的意见也不过是一种意见而已。几乎所有的重大诉讼中，各方都会聘请一位专家，而这些专家在每个关键问题上都会意见不一。他们不可能都是对的。另外，也不要假设对方的专家是对的。

信　息

信息是谈判力的另一来源。对于对方、谈判主题和各自行业的了解越多，我们的谈判力也就越强。比如：

- 对方真正需要的是什么？其真正利益为何？在心理上有何需求？
- 对方的支持者或利益相关者是谁？他们的利益是什么？
- 其竞争对手是谁？面临的竞争压力是什么？
- 其谈判风格如何？使用的是什么策略？
- 其财务状况如何？有何预算限制？
- 是否有最后期限或时间限制？其商业圈子是怎样的？
- 所在行业是否正在发生变化或有相关趋势？
- 其背景或业绩记录中是否有我们感兴趣的东西？

在进入讨价还价阶段之前，我们还比较容易搜集信息。我们可能会发现，一旦开始交谈，对方就不太愿意透露很多信息，而且还可能会怀疑我们的动机。一旦意识到有任何必须通过谈判来获得的利益，我们就应开始搜集信息。

就以买电脑为例。大多数人都会直接去经销商那里了解几个型号，然后从中选择自己认为比较合适的一个型号购买。而直到后来才发现，这台电脑可能并不符合自己的需求，或并非物有所值。

面对同样的情况，良好的谈判者首先会确定自己的需求到底是什么，并研究哪些型号能够满足这些需求，然后再到不同经销商处对挑选出来的两三个型号进行比价。真正的谈判好手甚至会研究经销商，了解其经营方式和谈判风格。

这对了解对方的需求和利益信息特别有用。了解对方及其希望获得的利益可以为我们带来巨大优势。所以，一定要尽可能多地了解对方，充分地了解对方公司及其需求。

需要注意的是，人们的很多需求并不都是显而易见的。千万不要忽视人们在心理或自尊方面的需求。更多相关讨论详见第六章。

我们可以在网上、行业目录和商业期刊中找到很多有价值的信息。公司年报及其他出版物同样也是很好的信息渠道。我们既可以跟打过交道的人或组织打听关于谈判方的消息，也可以在网上阅读其相关评论。今天，互联网上充斥着海量信息，提高谈判力比以往任何时候都容易。

我们甚至可以直接跟对方组织内部人员交谈。还是以买电脑为例。如能在咨询销售之前，先与技术服务人员畅聊一番，岂不是很有用处？如能让技术人员谈到各型号（甚至是竞争品牌的型号）的优缺点等销售都不会提及的宝贵信息，岂不美哉？技术人员则往往会因为其意见得到重视而受宠若惊，恨不得赶紧列出自己知道的所有信息。

信息就好比真金白银。尽早开始搜集信息，是提高谈判力最快也最简单的方法。

我还记得那是一次遭遇"海盗"袭击的加勒比海之旅。"您似乎对麦克斯很感兴趣。"一位身着小黑裙的年轻女士上前说道。虽然并非绝对,但小黑裙已然是艺术画廊女销售的象征。她一边柔声说着"我这儿还有几幅麦克斯的作品",一边把我领到了游轮画廊深处。"您要收藏麦克斯的作品吗?"她低语道。

黑裙女郎向我展示了谈判的艺术。她先是邀请我参加一场即将举行的艺术品拍卖会,然后又把我介绍给了她(保证能成事儿的)老板,还跟我说如果对任何一幅麦克斯的作品感兴趣,都可以享受特价。那晚,她甚至还透过舱门门缝塞给我几张额外的折扣优惠券,真的很用心。

我低调地参加了拍卖会。虽然拍卖品有不少出自名家之手,但销售情况却是一塌糊涂。黑裙女郎的喊价似乎根本无迹可寻,让人摸不到头脑。这真的是世界上最大的艺术画廊吗?好吧,如果说其商业模式就是在世界各地的几十艘游轮上展示拍卖藏品库存,那确实也没错。但我真的很难将游轮和艺术品联系起来,而且脑海中总会存在一些疑虑。我知道,未经深入了解就贸然在拍卖会上出价并不明智。而且,我对这件艺术品的了解不多,对价格也没什么概念。再见了,麦克斯。

在重回陆地(复网)之时,我做了一些研究。这家名字听起来有些纽约风格的画廊实际上位于美国中西部。它饱受法律诉讼的困扰,也是倒霉到家了。事实证明,在公海上进行拍卖,可以在法律上逃脱陆地上交易的烦琐手续。这位流行艺术的标志性人物——彼得·麦克斯，还好好活着，积极地在创造艺术呢。大量的艺术！其中很多都是在大量炮制的作品上潦草地添几笔细节，然后再签个名而已。我在易贝上看到了大量类似作品，且大部分价更低。

我们在这次的旅程中可以学到什么？

- 不要听信奉承，也不要自以为是，要了解自己。
- 在做大买卖时千万不要着急。做好功课，货比三家。
- 好买卖总是有的，但需要努力寻找。它们不会跑到闪光灯前说自己是"好买卖"，也不总是折扣或优惠傍身。
- 在海上孤立无援、失联断网时，我们会处于严重的不利地位。在漆黑一片的陆地上谈判其实也一样。一定要先充分掌握信息，然后再进行谈判。
- 没人会在游轮上购买精美艺术品，所以就别以身试法了。但如果是廉价艺术品，那在哪儿买都行。
- 小心黑裙女郎——穿小黑裙可不是没有道理的。

奖 惩

我们之所以谈判，是因为相信对方要么会带来帮助，要么会带来伤害。我们当然希望趋利避害，通过谈判来尽量影响其结果。同样，我们也会为对方带来利益或伤害。因此，双方其实都有某种权力来奖励或惩罚对方。

不过，是否要使用这种权力来实施奖惩就完全是认知的问题了。各方是否拥有这种权力、有多少权力等更基本的问题也是如此。其实就是对彼此强弱关系的一种认知，即感觉上谁比谁强的问题。一方是否有权力，完全取决于另一方的看法。只要对方觉得我们有权力，我们就有权力。但不要一有了权力就耀武扬威、作威作福，而要让对方认为我们有权力。无论是否真的如此，都千万不要纠正他们的这种想法。让他们不断猜测，总比让自己受限要好。所以，千万不要在对方面前露怯。

竞　争

竞争也是一种谈判力。参加过政府项目的投标，我们就会知道竞争有多大力量了。一想到别人会以更低的价格承包项目，我们也会压低出价。由于投标者众多而项目资源相对稀缺，政府在这种僧多粥少的局面下将成为最大赢家。

不管是金钱、产品、服务还是时间，我们所提供的任何筹码都会面临竞争，对方当然也总想得到更多。提醒对方，我们还有其他替代方案，并不是非他不可，所以对方也同样面临竞争。我们不要表现得过于心急，迫切地想要达成交易。另外，要做好B计划。关于这点，后面也会详述。

理　由

理由是一种外部的客观标准，用以评估各种可能的谈判结果。"因为我之前就是这么说的""这是我的底线""要么接受，要么走人"，这些都不是理由。理由要根据客观标准来衡量拟议结果的合理性和公平性。我们可以采用的一些标准包括市场价值、习惯、先例、历史交易过程、专家意见、成本、效率、行业标准、指数或基准等。

拥有令人信服的理由是一种强大的谈判力，可以表现出我们是公正客观的，而非随意武断的。此外，合理的标准有助于我们保持可信度，帮助对方说服老板或其他利益相关者接受这一结果，让其有理由同意我们的选项。

谈判程序的公平性也必须得到各方认可。尽管人们对公平的理解不甚相同，但公平仍然是公认的最有力的理由之一。如果不太赞同对方提出的理由，我们可以问："这真的公平吗？"我们既可能被对方说服，也可能使其认识到不公平而被成功劝退。无论情况如何，很多谈判者都会觉得公平的过程比实质性的最佳结果体验更好。

当然，各方都会摆出很多理由，说服力和利害程度不一。我们既想通过有力的理由说服对方，又想获得一个可接受的（甚或是最好的）结果。我们需要制定一系列客观标准，并按照自己的偏好排列优先次序，同时预测并准备好驳斥对方可能提出的一些对其最为有利的理由。

例如，在就办公场所的租金进行谈判时，我们可能会使用（以下）一些标准。所有这些标准都有合理的理由支持。当然，我们首先会提出对自己最为有利的选项。为实现这点，我们先要对所有选项按照最有利到最不利的顺序进行排序：

- 12.00 美元，上任租户支付的原价。
- 13.20 美元，上任租户支付的价格加上通货膨胀。
- 14.00 美元，其他可选场所的最优价格（B 计划）。
- 14.50 美元，类似写字楼的价格。

这时，我们就会首先提出每平方英尺 12.00 美元的价格，主张直接沿用上任租户之前支付的价格才公平合理。这时租房中介可能会争辩说，应该支付 14.50 美元，因为这才是现在租用类似场所的价格。尽管上面的每一个选项都能自圆其说，但我们愿意支付的价格总归不超过 14.00 美元（我们的 B 计划）。

如果市场价和老板期望的价格都是 14.5 美元，那中介为什么要接受我们 14.00 美元的报价呢？我们必须要给他一个理由："我们一向都是好的租户，声誉良好，按时支付租金，还能给写字楼带来很多有价值的客源，每个月空着的空间其实都是损失等。"问题是老板会接受这个成交价吗？当然，如果我们能帮他说服老板的话。

反复进行同一种谈判（如办公室租赁）时，我们每次都应使用相同的理由。如要根据具体情况选择和使用对我们最为有利的理由，我们的信誉就会受到影响。这时，我们需要提出并坚持对自己最为有利的理由。

先 例

法院的判决几乎总会遵循先例。先例是指遵循以前类似案件的判决结果，从而使法院保持一致，并使公民能够预测行动方案会否产生负面结果，进而使全社会都能受益于这种公平性和可预测性。

先例在法律上具有约束力，在其他领域也同样如此。人们会反复使用同样的理由。我们喜欢并接受先例，是因为我们喜欢按照以前的方式行事，参照先例总归更为简单。所以，只要先例符合我们的利益，那故技重施就没什么不好。

但如果在特定情况下，遵循先例有违我们的利益呢？那就据理力争，说明当前情况与其他情况有何不同，应得到怎样不同的处理。

就以跟老板谈加薪为例。我们可以摆出先例——经验和业绩相同的其他同职位员工收入更高，由此来说明我们的要求合情合理。而老板可能会说经济不景气或其他使这种比较不成立的因素，试图为不遵循先例找个理由。

先例是促使人们行动的有力理由，应把握机会充分运用它，并在必要时准备好应对方案。

承　诺

我们在为谈判做准备时，要得到其他团队成员的承诺，获得他们的支持，让其愿意投入并参与其中。团队的充分支持是力量的源泉。

承诺其实就是"大家一起努力"，和"绝不可以失败"有区别。团队承诺意味着大家心在一处，共担风险，同享回报。谈判者知道团队与我同在，会更有信心，更觉得强大，而对方也会注意到这一点。这种心理上的优势将贯穿整个谈判。

承诺不光能带来心理上的优势。整个团队的投入可以让我们汲取多种观点和力量，从而帮助我们为谈判做更充分的准备。他人的知识和专长将让我们获益匪浅。

投　资

人们不喜欢失去，不喜欢损失钱财、浪费时间或徒劳无益的付出。因此，我们在谈判中投入的时间、金钱、努力或精神能量越多，就越想得到回报。这种害怕无功而返的心理可能会让我们接受一个糟糕的解决方案。

明智的声音告诉我们，即使是看着投资化为乌有，也总比接受糟糕的交易而使情况恶化要好。不幸的是，我们并不是总能听到这个声音。

要注意自己和对方在谈判中的投资。我们要学会将投资视为沉没成本。无论最终是否能达成令人满意的协议，这些成本都会消失。但无须让对方了解这一心理，而要使其将投资视为得以与我们达成协议的一个理由。我们甚至还可以提醒对方追加投资，"如果不能把报价再提高一点，那可太糟糕了。毕竟我们都已花了这么多时间，如果空手而归，那就太可惜了。真的不能再多拨点儿预算出来吗？"

我们甚至可以利用对方的投资。先就较容易的问题进行谈判并达成一致，而把困难的问题留到最后。鉴于前面的投资，对方可能会在这些更为棘手的问题上变得更加宽容。

坚 持

我们在孩童时期都很渴望像他人一样行走自如。试想，如果我们在第一次摔倒时就放弃学步，那可能直到今天仍是在地上爬来爬去。但我们迫切地想要学会走路，最后还是坚持下来了。

人们大多都很容易放弃。尝试，失败，然后放弃。提要求，被拒，然后放弃。因为害怕再次失败，所以不敢坚持追求。有的人为不凸显强势或避免再遭拒绝，宁可不再提出要求。

拒绝并非板上钉钉，不容置辩。人们其实通常并未认真思索，就会本能地拒绝一项提议。同样的请求，在不同的时间和地点，也可能会得到同意。我们应将对方否定的回答视为开局的立场，提出还价，并不断调整请求，探索其他的可能性。只要我们坚持不懈，就有可能成功地扭转局势、起死回生。

每一次谈判的起点其实都是拒绝，如果对方一开始就答应，那我们也就不会进行谈判了。最终能否得到对方同意，往往取决于我们的坚持程度。

说服力

说服力对任何谈判者来说都至关重要。我们前面也曾谈到，谈判是一种说服性的交流形式，是一种让别人遵从我们的意愿行事的方法。我们能在多大程度上说服对方取决于 3 个因素。

1. 可信度

我们是否看起来很像那么回事儿，言谈中透露着自信，展现出丰富的相关经验或渊博专业知识，并享有良好的声誉？我们所代表的组织是否拥有这些品质？

2. 逻辑

是否有事实、证据和统计数据支持我们的观点？我们的推理是否合理？我们能否举出具体的例子来支持自己的立场？

3. 情感

我们的发言是否充满激情和信念？充满活力和热情的发言肯定比干巴巴的演讲更有说服力。我们能否准确把握对方的敏感话题？他们可能会受到自尊、贪婪或恐惧驱动，而并非单纯追求某种"好买卖"。

> 试想有一天,你回家时看到邻居正站在车道上。原本停着老旧丰田的车位上,现在是一辆崭新的奔驰。你说:"这车可真漂亮!这次为什么决定要买辆奔驰?"你当然知道原因:这事关地位、声望、给别人的印象、对财富的炫耀,以及其他情感及自尊需求。但他永远都不会承认这点,反而会提供一个合乎逻辑的理由:奔驰车性能优良,还是德国制造,安全可靠,经久耐用,保值保价,等等。

人们往往会出于情感做决定,然后再用理智来证明自己的决定。尽管通常不愿承认,但成功的商人其实和任何人一样,都是受情感驱动的。对他们来说,表现得理性是很重要的。因此,虽说要用情感诉求打动对方,但同时也要用逻辑磁场牢牢吸引对方。

人际关系技巧

良好的人际关系是双赢谈判者的力量源泉。清楚和顺畅的沟通至关重要。我们要表露出对对方的关心和尊重,以及对双方关系的重视。即使不同意对方的看法,我们也要表现得好像与其产生了共鸣。

让人喜欢也是一个加分项。微笑、友好、平易近人,以个人立场对对方表示关心。有些人真的觉得自己可以在锱铢必较的商业谈判中不受这种友好行为的影响,而顶尖的谈判者往往更深谙此道。

我们将在下一章中更加详细地探讨人际关系技巧。

杠　杆

虽然"杠杆"和"权力"这两个词经常交替使用,但"杠杆"并不等同于权力。信息、专业知识、资源等传统权力来源都相当明确,且很易于识别和理解。杠杆则不然。杠杆是动态的,并会随着情况的变化而变化。

杠杆在很大程度上也是感知的问题。如果我们在客观标准上拥有优势却不自知,那就相当于没占上风。而且,权力的平衡可能会随着谈判的推进而改变,所以我们需要在获得新的信息或洞察时不断重新评估。

我常将杠杆视为一方在特定时段占上风的一种局面。杠杆有许多决定因素,例如:

- 哪方更需要达成这笔交易?如果对方知道我们需要达成这笔交易,那他们就占了上风。"需要"可以是自尊、情感联结或遵守社会规范等无形需求。比如,要是跟汽车经销商直接坦言"我做梦都想买这辆车!它怎么卖啊?"那就别指望能要到折扣了。

- 哪方损失更大?相比胜利和获得,人们更讨厌失败和失去。所以,一味追求安全,只打安全牌可能会让对方获得优势。

保险代理通常都深谙此道。

- 哪方时间更为紧迫？如果我们时间很紧，那对方可能就会享有一定的优势。时间就是金钱。时间不足只会徒增绝望。
- 哪方对现状更缺乏掌控？我们如能主导推进或是阻挠谈判进程，那也许就能利用这个优势。
- 哪方的 B 计划更好？制订有力的 B 计划，可以说是谈判准备中最重要的一件事。有力的 B 计划一方面可以让我们轻松退出；另一方面，如果对方知道了我们的 B 计划很差，我们就会处于下风。由于 B 计划举足轻重、至关重要，所以后面还会详细地研究探讨。

制订和使用 B 计划

本书的一个重要主题是"为谈判做好充分准备"。我们在前文已经讨论了如何搜集信息、了解谈判环境、考虑和预测我方与对方的利益和筹码，以及如何及制定一系列方案。在此基础上，我们还需要制定一个战略，了解和预测可能会涉及的策略与对策。这个建议虽好，但也无法保证我们一定能与谈判伙伴达成满意的协议。

我们对谈判过程和最终结果的控制有限。不可控的因素真的太多了，如：信息有限或缺失，情况不断变化，战略战术失败，情绪、自尊和不理智影响着人们的行为，等等。我们所能做的就是尽力而为，并做好后备计划。

总有 B 计划在侧

每当准备谈判时，我们都要问问自己，如果无法与谈判伙伴达成协议，如何才能实现自身利益最大化？我们能否在别处实现自身利益？如果可以，应向谁抛出橄榄枝？基于怎样的条款与条件？在开始谈判之前，总要有一个可行的后备计划，或者说 B 计划。

假设在一场艰难的谈判中，对方强硬地讨价还价，我们开始觉得自己最终会迫于无奈接受一个低于预期的价格，这时能做什么呢？答案取决于我们的 B 计划。

谈判是基于双方共识协商达成一致的过程。除非是自己的选择，否则我们不必接受任何提议，总是可以说"不"。谈判毕竟是为了获得某种利益，所以即使是真的表示拒绝，我们也必须得找到另一种方式。

在日常语境中，提案和替代方案这两个词通常可以互换使用。但在谈判中，最好要对两者进行区分。提案是谈判中可能通过的解决方案。在谈判中，往往有一系列提案或可能的协议可以满足自身需求。但若不能与对方达成一致，那可能就不得不另寻替代手段来实现自身需求了，也就是存在于谈判之外的一些替代方案。因此，在谈判用语中，提案是可能与谈判对象达成的协议，而替代方案则是可能与谈判之外的人士达成的协议。

假设你目前就职于 Myco 公司，正在跟老板谈加薪。你和老板有很多提案可供选择：既可大幅加薪，也可分文不提，或是介于两者之间任意程度的加薪；既可根据个人表现、生活成本决定加薪幅度，也可结合公司实践或行业趋势再定夺，或是提供各种福利组合来代替加薪。这些都是提案，即通过谈判达成共识的方案。

如果无法与老板达成共识，那就还要进行一次选择：要么接受老板的提议，要么辞职。这时你有什么替代方案？如何才能脱离Myco公司满足自身需求（对个人价值的认可，维持当前生活水平，受到尊重和公平的对待等）？你可以另谋高就，变更赛道，重回校园，提前退休，下海创业，或者干脆加入马戏团。你可能并不喜欢这些替代方案，但也确有选择。

这些替代方案各不相同。你在评估对方提供的可选提案时，只需要知道各种可选提案中对你最具吸引力的替代方案，即你的B计划。然后，就是在谈判对象所提供的条件和你的B计划之间做出选择。就拿上面这个例子来说，如果你的最佳替代方案是在另一家公司找个类似职位，那暂时就不必考虑加入马戏团了。这时，你要做的决定就变成：我应该接受老板的提议留在Myco公司，还是换个公司工作呢？

如果没有得到其他公司录用，那你就没有这个替代方案。这时最好的替代方案可能是下海创业。若创业也并没有特别吸引你，其实也仍能找到更好的选择。如果在向老板提加薪时没有好的替代方案，那你在谈判中就没什么权力，不得不接受他提供的条件，或者辞职。

B 计划的强大力量

缺乏后备计划,谈判力就会很弱;而具备有吸引力的替代方案,则会带来很大的权力。就算对方是财力雄厚的大公司,也是如此。金钱、资源、大型组织中的骄人头衔等传统意义上的权力,以及其他权力象征,并不能保证谈判成功。而像信息、准备和专业知识等其他权力来源,可以使权力的天平倾向于小人物。强大的 B 计划也许是各种力量的最大来源。这在很大程度上得益于信息和准备。

为什么说 B 计划至关重要呢?原因有很多。

B 计划可以带来信心

- B 计划就像一个安全网。如能在谈判中获得更好的结果,那当然更好;但如果不能,退一步转而采用 B 计划也不是不行,它至少可以保证情况不会因谈判而变得更糟。

B 计划能够提供基准

- B 计划大多与谈判桌上的提案没有什么不同。假如你向其他公司申请了一个月薪 3500 美元的职位且已得到录用,那你在与 Myco 公司就薪水相当的类似职位进行谈判时,可以将其作为自己的 B 计划。明确了 B 计划,你也就知道了切实可行的提案。

虽然数字通常更容易比较，但不要只关注报酬。其他公司虽然提供的薪酬可能比 Myco 公司更高，但工作和通勤时间更长，且福利可能没那么有吸引力。所以，在比较 B 计划和对方报价时，一定要仔细考虑各项优缺点。

B 计划必须切实可行

- B 计划应是谈判失败时我们可以做到也真的会做的事情。虚张声势可能很有风险，不要声称自己拥有本不存在的 B 计划。如果你在与 Myco 公司的老板谈加薪时告诉他，其他公司愿意多花 1000 美元聘用你，那他可能会说"涨了 1000 美元？那太好了！祝贺高就啊！"
- 不要对不会行使的替代方案抱有幻想，自欺欺人。假设你并没有得到具有竞争力的工作邀约，那就可以将自主创业作为最佳替代方案。创业需要资本、商业计划、大量努力、足以度过几个月难关的账户余额、承担一定风险的能力等。如果你还没有准备好接受这些挑战，那这样的 B 计划并不属于你。别做梦了，现实一点，制订一个切实可行的 B 计划吧。

B 计划要不断改进

- B 计划并不是一成不变的。假如你的 B 计划是到其他公司就职，月薪 3500 美元，在所有条件相同的情况下，你肯定不会接受任何低于这一数字的薪资。也就是说，如果 Myco 公司提供的薪资为 3600 美元，那你自会欣然接受；但如果低于 3500 美元，那可就另当别论了。试想，如果你在与 Myco 公司谈判期间同时联系了其他公司，且获得了月薪 3800 美元、外加保险和交通补贴的工作邀约呢？又或者有第三家公司愿意给你 3900 美元的工资呢？那你现在就能自信地向 Myco 公司提出更多要求，因为你知道自己有资本驳回他们之前 3600 美元的报价。所以，即便有了 B 计划，也还是要看它是否能有所改进。

底线的危险

在第三章中，我们看到许多谈判者在开始谈判前就决定了他们愿意接受的"最差"交易。其原因就在于，他们不想被热烈的谈判冲昏头脑而接受糟糕的报价，认为在此之前能冷静客观地考虑这个问题会更好。这听起来很谨慎，而且还可以通过底线保护我们避免不良交易。

然而，在谈判前看起来不错的底线在谈判中可能并不可行。随着双方不断出价和还价，谈判中会不断出现新的信息、利益和筹码，发生各种变化，从而导致旧的底线可能不再切实可行。底线的本质其实是僵化的。如果本就可能改变，那预先设定底线又有什么意义呢？

底线其实相对主观。它可能是我们在特定时间所理解的利益，但随着谈判的进行，这些利益可能会改变，或最终被证明是错误的。底线数字更像是一种立场，而并不会反映利益。回顾一下，立场是我们认为自己想要的东西,而利益才是真正能满足需求的东西。

底线只是一个数字,或是可能没有意义的任一立场。而 B 计划则是一个更好的参考点,是真正摆在桌面上的提案或替代方案。因此,我们应将面前的提案(谈判的可能解决方案)与自己的 B 计划(我们在这次谈判之外的最佳替代解决方案)进行比较,并择优选用。

最佳替代方案

我们应专注于自己的关键利益。问问自己,如果不能与对方达成协议,我们可以怎样满足他们的诉求,尽可能多地列出能想到的替代方案。记住,这里不是在寻找提案,即当前谈判的可能解决方案,而是要寻求谈判之外的替代方案,即可以与其他各方或自己独立追求的行动方案。列出每个方案的优缺点,思考哪种替代方案最为有利,且是否切实可行。如是,那它就是我们的 B 计划。

B 计划是我们在某个特定时间点的最佳替代方案。可时间在变,我们的备用计划也需要改变。我们可以对 B 计划加以改进,或另寻新计划来替代原本的计划,没必要在整个谈判过程中坚持自己原来的 B 计划。但在谈判过程中,我们还是可以继续改进它。B 计划越好,我们就越能从谈判对象那里获得更多利益。

对方的 B 计划是什么

千万别忘了，对方也有 B 计划。通过预测对方跟我们转圜的替代方案，找出其中的最优方案，我们也许能估计出对方的 B 计划。设身处地地站在对方的立场上思考，我们要争取推测出他们的最佳替代方案。

正如我们能估计到对方的 B 计划一样，他们可能也知道我们的 B 计划。就拿前面涨工资的谈判为例，老板可能是知道另外两家公司员工的薪资水平的。

让对方的 B 计划不可行

B 计划既可能得到改进，也可能会不可行。整体的思路就是在改进我方 B 计划的同时，旁敲侧击地暗示对方，其 B 计划并没有他们认为的那么好。当然，我们在处理这个问题时需要非常审慎和灵活。此外还要知道，对方可能也会对我们使用这种策略。但如果我们的 B 计划足够可行，那就能抵御这种情况了。

再回到加薪的例子。假设老板说只能把月薪提高到 3700 美元，你执意辞职，他的最佳替代方案是什么？他可能会雇用薪资比你原来工资更低的年轻人。他的 B 计划看起来不错，也许比给你加薪还要好！那你怎么能让这个 B 计划看起来不可行呢？

你可以指出，招聘继任者会很麻烦且成本高。新员工需要一定的时间才能上手，或者可能根本无法胜任，这样就又会回到原点。

为什么要冒这个险？这样，他的 B 计划看起来就没那么好了，他可能会决定提高出价。相应地，老板可能也会试图动摇你的 B 计划，说其他公司的经理剥削员工、文化缺失，为什么要只为多赚几百美元而离开现在的同事和职位呢？

动摇对方的 B 计划当然还有其他方法。假设我们要买套房子，正在跟房东谈判。我们的报价 37.2 万美元低于房东预期，那他的 B 计划是什么呢？也许已有潜在客户表示愿以 37.4 万美元的价格购买该房。那我们怎样来让其 B 计划不可行呢？用现金支付定金。那位买家虽然可能嘴上说得好听，但也只是说说而已。所以，多说无益，拿钱说话。房东的 B 计划在我们的真金白银面前突然就显得不那么有吸引力了。

退　出

我们在心理上退出谈判可能会很困难，已经投入了时间、精力、金钱，当然不希望这一切都付之东流。我们觉得自己要不负期望达成协议，空手而归可能会让委托人失望。当然，对方也可能会以"做好自己的事儿"为由来向我们施压，从而达成交易。我们甚至还要好好审视自己的底线。如果意识到它确实太不切实际，那最终也可以接受一个本应排除的提议。

每当感受到这些压力时，请专注于自身利益！要知道，我们所投入的任何资源都是沉没成本，并不会影响我们对于协议意义的评估。虽说委托人可能确实期待达成协议，但在迷雾散去之后，一个糟糕的协议只会比没达成协议更让其失望。对方的认可通常不是一个有效的考虑因素,所以不要因为他们的利益而感到有缔结协议的压力。底线可能会保护我们避免接受糟糕的交易,但考虑到谈判过程中不断出现新的信息和筹码,坚守底线也可能会显得过于死板僵化。

不要使用任何上述因素来决定是否缔结协议。唯一要考虑的是将谈判桌上的最佳提案与我们的 B 计划进行比较,并决定哪个方案更符合自身利益。

制订可行的 B 计划是谈判准备不可或缺的一部分。良好的 B 计划可以为我们兜底,确保谈判成果不会少于我们在别处获得的利益,从而也更有信心在谈判中达成一个对自己更加有利的协议。通过改进自己的 B 计划并动摇对方的 B 计划,我们可以期待一个更好的谈判结果。

谈判是自愿的过程。没达成交易总比糟糕的交易好。我们可以退出糟糕的交易,但如果我们一开始就知道还有 B 计划作为退路,那退出就变得更容易了。没有 B 计划,就意味着我们没有准备好进行谈判。

与垄断者谈判[1]

这是谈判中最棘手的难题之一:如果我们需要一个垄断的供应

---

[1] 帕拉尼卡斯,怀特福德,泰沃森,贝尔茨,"如何与强大的供应商谈判",《哈佛商业评论》,2015 年 7—8 月刊。

商,但他不需要我时,要如何与他谈判?这个问题乍看之下似乎无解,但请记住,"需要"有多种形式。我们是真的需要他,还是图方便或出于偏好选择了他?

此外,垄断可能有多种形式。大家可能上过(或是在睡梦中虚度了)经济学这门课,其中提到一种纯粹的垄断,即一家公司完全控制了供方市场(如电力供应商)。但更常见的是由于供应依赖性而出现的一种表象上的垄断。由于离开可能有很高的壁垒与过渡成本,所以软件开发公司等供应商可能表现得像垄断者。有些供应商还可能会获得我们的知识产权或其他关键信息,借此把我们绑定在一起。

通过上述情况,我们看到了准备的重要性。我们对供应商的情况了解多少?我们的业务在其整体业务中占据多大体量或比例?他们拥有哪些其他客户,相比我们情况如何?他们的战略目标和未来方向是什么,这些能否为我们带来机会?

虽然没有一招通吃的万全之策,但对我们或老板来说,其实有很多解决方案在特定情况下是行之有效的。这些策略大多属于高手过招。所以,我们可以先从一些简单的策略开始,然后逐步考虑风险较高的战略战术。

1. 为供应商创造新价值

帮助供应商进入新的市场或行业

顺利入行本就颇具价值。我们能为对方带来新的机会吗?例如,一家饮料公司由于在某一市场只有一家包装供应商,所以利润受到了挤压。但该饮料公司可以在该供应商以前无法立足的其他几个市场使用此包装，助其进入这些市场。所以，该供应商最终给予该饮料公司全盘价格优惠，以换取打入新市场的合约。

帮助供应商降低商业风险

前面也曾谈到，分散风险是一种可以变现的筹码。例如，如果供应商提供的是周期性业务，那我们也许就能以较低的价格锁定一个长期的合同。虽然供应商可能并不需要我们，但他们仍会在业务发展相对缓慢的阶段从我们的业务中受益。如能助其平稳发展，那我们就拥有了对方重视且愿意买单的一种筹码。

2. 改变购买方式

合并下订单或捆绑采购

供应商可能在某些产品或服务上具有垄断地位，但可能在其他领域同样面临竞争。他们可能希望在一些领域保留我们的业务，以使其他领域的表现更为合理。我们也许可以与其他业务部门合并下订单，或是与其他买家联合起来组团采购。

审查购买的必要性

例如，我们买了一个功能齐全的高端软件包，但之后却发现并非所有的额外功能都会被用到。这时，我们就要考虑一下减少数量或简化版本是否能满足需要。我们既可以通过少买来省钱，也可以让供应商给予整个套餐一定的优惠。

3. 创建新供应商

从另一市场引进新供应商

这是第一种情况的一个变形。也就是说，相比把包装供应商引入新市场以换取价格优惠，饮料公司其实可以选择从另一行业或地方市场引入一个新的包装商，与现有垄断者形成竞争。

垂直整合

与其屈服于垄断供应商，不如考虑我们能否在内部生产，或是通过收购公司或聘用人才来使其成为可能。这一策略在埃隆·马斯克经营 SpaceX 的历程中屡试不爽。马斯克最初计划从俄罗斯购买旧火箭，但在无法与其达成协议时，他开始制造自己的火箭。在鼻锥制造商有意为难时，他开始自己造鼻锥。燃料阀的供应也是一样——很少有公司能制造如此专业的阀门，而 SpaceX 现在就是其中之一。

我在跟学生讲这个例子时，有时会得到这样的回答："当然，埃隆·马斯克可以，因为他是亿万富翁，是 CEO。我在公司可做不到。"对此，我的回答是："因为马斯克是亿万富翁和 CEO 才能做到这点，还是因为他能够做到这点而成为亿万富翁和 CEO？"如果我们无权进行决策，那我们真正的工作也许是劝说老板这样做。

4. 打硬仗

威胁要拒绝或取消订单

供应商可能有很多杠杆来从我们身上榨取高额利润，但请记住，杠杆是时间的函数，其平衡可能会改变。我们可以让对方知道，如果他们不能在这项业务上达成更好的交易，那我们在未来可能达成的一些其他业务上就不会考虑他们。这可能看起来强硬、严苛，所以更要仔细考虑。此外，这也有助于他们在脑海中对具体业务形成印象，使其了解后果。

威胁要提起诉讼

这是提案中的核武器。大多数发达国家的法律制度往往对垄断或贸易限制视而不见，而潜在的诉讼可能会使从我们身上榨取更多利益的机会显得不再那么诱人。不出意外的话，这将释放出我们会迎难而上的强烈信号，而且对于强大的垄断企业来说，我们的业务聊胜于无。

简而言之，可打的牌太多了，没人握着所有的牌！看似强大的谈判对象也会有自己的问题和弱点，我们可能还有自己并未意识到的筹码和杠杆。就算我们没有看到应对垄断的方法，但这并不意味着没有，只是我们还没找到罢了。

第五章

高效沟通与关系维护

对人柔和，对事强硬。

——罗杰·费希尔和威廉·尤里

维护关系的重要性

就在不久之前,商业还遵守着丛林法则。谈判往往竞争激烈、胜负分明。无法吃掉对方,就只能沦为对方盘里的午餐。在弱肉强食、适者生存的商界,这就是常态。

过去,铁路公司互相吞噬。而现在,航空公司结成联盟,共享代码,并相互承认对方的飞行常客里程。麦当劳门店里售卖可口可乐,还赠送迪士尼玩具。计算机制造商将其产品与英特尔、微软等其他公司的产品打包销售。这些合作并不是一时兴起,而更像是婚姻。双方都要长期处于这段关系之中。

如今不仅商业世界变得愈加休戚与共,各国也出于越来越多的原因而走向合作。历史上饱受战争之苦的欧洲大陆,已形成统一的欧盟。

时代变了。当然,还是会有很多强硬的角色仍然遵循着丛林法则,但这种谈判终归时日无多。另外,也会有一心想着快速获胜而并不关心对方表现的一次性谈判者。毕竟没人拿枪指着脑袋,所以最终是否进行交易还是要看各方的选择。不过,这些情况现在只是例外,而并非主流。

相互依存的世界需要合作,需要双赢的结果。关系很重要,而任何关系的核心则是沟通。

机会之窗

人们初次相见时，彼此很快就会建立起第一印象，并为接下来的关系定下基调。人们通常会在第一次接触的 4 分钟甚或 4 秒之内对某人形成印象，不同专家对此看法不同。但在实际中，这往往只是几秒钟的事儿，很少会用到几分钟的时间。人们会根据外表、声音、姿势、目光等非语言交流要素来做出判断。第一次通话或第一封邮件也会形成人们的印象。

大家肯定会觉得这很不公平，对不对？我们在第一次接触对方时，可能会在邮件里打错一两个字，并没有达到自己的最佳状态。然而，对方仍然也只能根据这有限甚至误导性的信息来对我们做出判断，并就此形成对我们的看法，好坏都有。也许这并不公平，但我们还是可以尽量趋利避害。这个机会之窗很窄，所以一定要充分利用。

我们怎样才能增加给别人留下良好印象的概率，甚至是在招呼问候前就表现出自己希望传达的形象？我们怎样才能向未曾谋面的人展现出积极的形象？以下是我的一些建议：

- 定好自己想展现的形象。一流的谈判者应具备哪些品质？毫无疑问，信心、能力、准备和专业这几项都很重要。
- 出场一定要有气势。带着信心和目标昂首阔步，如临自己的主场，让对方看到我们在谈判环境中舒适自如。不要漫无目的地来回踱步或四处张望，表现出一副困惑、紧张的样子。

- 看起来要有赢家该有的样子。外表很关键，确保仪表整洁。备一支好钢笔，把文件放在精致的文件袋或公文包里，以表明自己关注细节，做事井井有条。
- 主动出击，率先行动。别等着对方打过来，而要自己主动打过去。率先介绍自己或问候对方，采取主动往往能赢得对手尊重。
- 握手要坚定而友好。确保手掌干爽，握手时坚实有力。面带微笑，温和友好，并进行眼神交流。展现温暖、真诚和热情，要让对方知道我们乐于会面和交谈。
- 声音沉稳自信。说话时不要声音太大或语气傲慢，也不要声音太轻。说话要有分寸，语气审慎而确定。避免因为语气词和不时停顿而显得摇摆不定或犹豫不决。句末不要语气上扬，不然听起来会像问句。说话不要太快，这样听起来会更具权威性。始终都要保持冷静和克制。
- 准备好开场白。想好自己要说的话，然后清晰、自信地表达出来。不要临阵磨枪，现想要说的话——这会使我们显得不太自信，还会使提出的想法显得不太成熟。
- 保持专业。遵守承诺，按时赴约，及时跟进任务。无论是公司 CEO，还是前台或保安，都要尊重他人，以礼相待，坦率真诚，保持诚信。

光环效应

第一印象必然总是基于有限且并不完善的信息。由于想了解更多，所以我们往往会根据现有的可用信息来概括某人的特征，并形成印象。我们会将推断出的一些积极因素延伸到他们的其他方面。例如，对方如果自信练达、衣着得体，就算没有可靠的依据，我们也还是会觉得他们学识渊博、专业可靠。骗子就是这样忽悠受害者的！人们这种爱屋及乌、因有利因素而形成积极印象的倾向被称为"光环效应"。光环效应其实就是人们在了解彼此的过程中经常出现的。

研究表明，不少教师都会认为更具个人魅力的学生也更聪明，这在评价中即有体现。学生因名字好听而得到优待也是同样的道理。商人更是如此。相比衣着随便的同事，一套看起来价值百万的行头将让我们享受到更多航空公司升舱和酒店房间升级的服务。这可能并不公平，但事实一贯如此。所以，我们只能对其加以充分利用。我们所展现的有利因素越多，别人对我们形成积极印象的概率也就越大。

这一效应反过来同样成立。心理学家将其反向效应称为"反向光环"或"尖角效应"（恶魔头上的尖角，刚好与天使头上的光环相对应）。外表邋遢、不熟悉细节、行文颠三倒四等负面特征，可能会让我们连带地认为对方在其他方面也有所欠缺。对方也许确有欠缺，但也许只是其穿着打扮、风度和社交表现并未达到我们的期望，或真的只是今天心情不好而已。

若想尽量减少尖角效应，就要花时间了解对方，不断检验假设，寻求额外信息，磨炼直觉，擦亮自己的光环，同时也要小心避免陷入对方的尖角或光环。

虽然无力控制，但我们可以影响他人对我们的印象。无论是服装、仪容、配饰，还是行为、声音及非语言交流，都要做到最好。通过这些最容易控制的因素，我们可以表现出自己的信心、能力、准备和专业度。这些亮点将共同串联成耀眼的光环，从而向他人展现出我们最好的一面。我们要利用自己最突出的优点来提高其他方面得到的评价。

如果打交道时给别人留下了不好的第一印象，我们该怎么办？

还有转圜的余地吗？当然有，但可能会很难。首先就是要直面问题，必要时可以道歉。如果觉得对情势有帮助，也可以对此进行解释说明，做到负责任，有担当。人非圣贤，孰能无过？每个人都会有不在状态的时候。如果表现得足够真诚，那大多还有机会补救。这时要做的就是努力与对方重建信任，让对方重拾对我们的信心。

精准表达

用语简洁明了可以降低误解的风险。一般的日常用语如能表达清楚，就别再费劲故弄玄虚了。避免使用对方可能并不理解的俚语、缩写或行话。人们在抱有疑问时，越简单的方案往往越利于决策。我们可以提出问题以明确情况，但一定要注意提问时的语气，千万不要居高临下、咄咄逼人。

说话要咬字清晰，发音准确。如果平时讲话很快，可以适当放慢节奏来适应对方的习惯。如果本就知道自己的口音或吐字会让对方听起来比较吃力，那事先跟他沟通好，如有任何没听明白或是不太确定的地方，一定要及时沟通。因为自己没听懂而让对方重复、说得更慢或拼写某个单词，会让很多人感到尴尬。所以，一定要主动积极沟通，以避免误解或交流不畅。

要熟悉自己及对方所在行业的术语、行话。当然，对于法律或计算机领域的专业用语及公司内部的一些行话，我们可能仍然不明其就。如果不理解某个术语或表达，一定要跟对方问清楚。千万不要不懂装懂，不然最终协议的内容会非我所愿。

即使没有使用专业术语，也不要以为自己就能明白对方在说什么。要换种说法转述对方的话，并通过提问明确其含义。

表示尊重

我们要尊重对方。对方说话时要认真倾听，不要打断或插话。不要用傲慢或居高临下的语气跟对方说话。此外，我们还要感谢对方为此投入的时间和精力，并对其贡献表示认可。

谦逊礼貌也是我们表示尊重的一种方式。人们喜欢听到"请"和"谢谢"。请对方先进门。如为我方主场，则还应以咖啡、茶和茶点待客，尽量提前考虑并满足对方的需求。如为客场作战，则可对对方的办公环境、悉心安排表示感谢和赞赏。无论如何，我们肯定希望获得对方的喜爱与认可，让其觉得与我们相处是舒适愉快的。

如果对方来自另一国家或不同文化地域，那我们就还需了解其习俗和价值观，问对方一些问题以增进了解。这不仅能展现出我们的真诚，让对方感受到我们有兴趣在私下里进行更多交流，还表明了我们对他本人的重视，也有助于让对方感到安心。这样，沟通会更顺畅，意图也不太会被误解。

建立融洽关系

融洽意味着让他人舒适放松，并真正与其建立联系。这是打好基础的重要一步，所以必须从一开始就以此为目标。要礼貌友好，待人热情。闲聊时，多提对方的名字，多微笑，请他喝杯饮料或帮他个小忙。奠定友好基调会促进合作。

融洽的本质是相近与和谐。真正融洽的两人，其语气、语速、节奏、音量和很多肢体语言都会十分相似。默契不仅仅会自然而然地发生，还可以通过有意识模仿对方说话声音和肢体语言来培养。要和对方保持步调一致，同坐同站。除简单的眼神交流、微笑和握手之外，我们还可通过很多其他肢体语言来创造一种彼此相近的感觉。

我们也可通过相似词语来拉近和对方的距离，培养默契。使用对方的常用表达，可能会让其下意识地注意到我们身上有他喜欢的某种特质。常言道，物以类聚，人以群分。多数人对于和自己相似的人总是天生抱有好感。所以，一定要有意贴近和适应对方。

提　问

双赢谈判者往往会提出很多问题。提问虽然是获得关键信息的有效途径，但千万不要不顾目的，只是单纯地为了提问而提问。提问有助于暖场，赢得思考时间，主导讨论的节奏和方向，明确认识和说服对方。当然，同时也是搜集信息的好方法。

暖场

人们在遇到新朋友或许久未见的故人时，通常都会闲聊几句，问些日常的问题，或简单评论几句以引发回应。例如，"最近还顺利吗？""今儿天气不错。""你觉得会下雨吗？""昨晚看比赛了吗？"

问这些问题的目的并不是为了获得有用信息。通常农民更关心天气，我们只是把头探出窗外，看看会不会下雨。这些老套的问题只是为了招呼寒暄，通过简单的互动来暖场。

双赢谈判者往往会通过提问和闲聊以示友好，从而博得对方的好感。对于自己喜欢的人，我们往往更有可能同意其观点。所以，深谙此道的双赢谈判者总是会有意获得他人的青睐。高傲冷漠的谈判者通常不如热情友好的谈判者吃得开。

赢得思考时间

提问是一种争取时间的好方法。我们可以趁着对方回答问题的空隙来思考难点。为避免在思考时错过任何重要信息,我们应尽量在对方停顿时进行思考,利用问题来放慢谈判的节奏。

主导讨论

如果观察过辩护律师的盘问或审讯者对嫌疑人的拷问,我们就会知道怎样用提问来主导谈话。我们可以通过提问将谈话引向自己希望的方向,相比满怀心事坐立不安,还不如先问清楚。

明确认识

双赢谈判者往往会通过提问来检验其假设,确认其理解是否正确。即使很有把握,但只要不是百分之百确信,还是要直接提出问题。保险起见,多问求稳总比遗憾道歉更好。

说服对方

谈判的目的往往是说服他人遵照我们的意愿行事。面对直截了当的表述,他人多少会有些抵触。举个例子:

"这个东西要在周五前送达。"

"当然,大家还都希望昨天就能拿到呢,我们真的已经到极限了。现在除了等,也没别的办法了。"

其实我们也可以换个方式，用问题来暗示自己期待的答案：

"有什么办法可以在星期五之前交货吗？"
"嗯……让我想想。如果您在今天下午之前就能签好这份文件，也许可以加快进度。"

当然，我们无法保证一定能得到自己想要的答案，但巧妙地提问往往比向他人直言诉求要更具说服力。

搜集信息

开放式问题非常笼统，往往都是"是什么""为什么""怎么样"这样的问题，旨在鼓励对方进行更多的回答。因此，这类问题应是我们提问的重点，特别是在为谈判打基础的早期阶段。此外，开放式问题还能显示出我们愿意倾听且关注对方利益，有助于建立融洽关系。

开放式问题可能会出现许多不可预知的答案。这些答案既会提供我们想要获得的信息，也会包含一些具有潜在价值的额外信息。这些问题既打开了局面，又给了我们各类信息以供探索。我们有时甚至会得到一些足以改变谈判走向的重要信息。

封闭式或引导式问题则非常具体，往往会将对方引向我们所希望的方向。人们对这类问题的回答往往可以预测，通常就是简单的是或不是。封闭式问题有利于确立事实，确认想法，获得认同，并进行总结。因此，这类问题在谈判后期会特别有用。

跟进性或探究性问题旨在挖掘更多细节信息，既可以是开放式的，也可以是封闭式的。含糊不清、模棱两可或不甚完整的回答，其实大多都是对方有意阻挠，不想让我们追着某点深挖不放。这时，我们其实更应通过各种探究性问题要求对方给到更多细节，千万别让他就这么搪塞过去。

提问时要注意语气、措辞及肢体语言。有时可能只是一声叹息，或许声音中流露出的一丝怒意或不耐烦，就会使对方心生戒备，不愿分享。热情友好的语气可以让我们在追问时更有可能获得自己想要得到的答案。

慎用"为什么"。不加修饰地直接问对方为什么，听起来会有指责的意味，让对方抵触、抗拒。要想办法换种说法，把"为什么"变成"是什么"或"怎么样"。举个例子：

- "你为什么这么做？"（听起来很凶，感觉受到了指责、埋怨。）
- "是什么让你决定这么做的？"（听起来更柔和、更诚恳。）

多问问题。即使答案已了然于心，我们也还是要认真询问。

倾 听

西方文化更加重视表达，而非倾听。相比坐在一旁默默倾听，健谈善论或果敢实干往往会获得人们更高的评价。相比尊重他人意见，表达自己的看法通常更能得到公司的欣赏与嘉奖。难怪大多数人都更喜欢表达自我,而非倾听他人。要知道,这在谈判中可不一定是件好事。

谈判者大都话太多,认为一定要从一开始就明确自己的立场,确保对方知道事情的始末,留下应有的印象。但其实,真正的谈判高手都是少说多听,话比对方还少。我们可以把大部分时间都交给对方。对方说得越多,我们了解的信息就越多。我们对自己的想法本就了然于心,要是能了解到对方的想法,岂不美哉?如能通过认真倾听得知对方的想法,了解其看重的事项,并搜集到真知灼见,那岂不是利于达成更好的谈判结果?所以说,我们要学会倾听和了解他人,尤其是要学会积极倾听。

下面我们就来看看如何积极倾听。

转述

重述或转述对方所说的话,以检验假设,澄清困惑,并确认理解,力求透彻地理解实质性信息。可以参考使用的表述如下:

- "没理解错的话,你应该是想……"
- "看来你真的想……"
- "你是不是想……不知道这么说对不对?"

鼓励表达

对方说得越多,我们了解的东西就越多。我们的一句话、几个字,甚至是简单的出声回应,其实就可以鼓励对方围绕当前话题继续讲解或进一步展开说明：

- "我想就这点再多了解了解。"
- "为什么要这样呢？"
- "当真？""别说笑了！""难以置信！"
- "嗯嗯。""了解。"

此外，一些非语言信号同样可以鼓励表达。例如：点头以示同意，适当的面部表情，身体前倾，保持开放和专注的姿势，模仿对方的肢体语言，等等。总而言之，我们的目标其实就是尽量多获得信息，并将对方了解清楚。

注意问题表述

问题表述是可能会产生歧义，所以仍需要解释说明的词句短语。就拿"有意思"这个词来说，它有时确实是"新奇有趣"的意思，但有时可能也只是委婉表达"不太喜欢这个想法"的一种外交辞令。对方如有含糊其辞的地方，我们应及时提问，让其解释清楚。

如果我们不确定对方想表达的意思，直接问就好了。对方可能会用特定话术推诿，我们要学会识别这些问题表述，挖掘对方不愿意分享的信息。只要问得足够具体，最终往往都能得到答案。一起来看下面这个例子：

"琼斯先生，这个提议蛮有意思的，但我还是觉得我们目前的配置暂时够用了。"

这时我们应在思考后问对方:"您说的'够用'具体指什么?是不是并未完全达到预期?目前的配置在哪些方面运行良好,在哪些方面仍需改善?"我们也可以抓住"目前"这个点来问:"您说的'目前'具体指什么?有没有大致的时间规划?还有什么因素会影响您的规划?"

共　情

如果非要说积极倾听可能有什么问题的话,那就是比较机械。就算是迪士尼乐园里的动画人物,也都会点头表示同意,回答说"我明白了"。看起来积极倾听的人是否诚恳专注,有时真的很难说。

积极倾听是一个很好的开始,但我们还可以追求更高层次的倾听——共情式倾听。除上述各要点之外,共情式倾听还有另外一个要素——反映讲者的情绪状态。共情的本质是了解他人感受并向其表示关切。只有真正理解一个人,才能反映其感受——这可容不得半点水分!

著名心理学家卡尔·罗杰斯说,共情就是放下评判的眼光进入另一个人的世界。只有怀抱开放的心态走进对方的内心世界,站在其视角上审视思考,才能真正理解对方,做到感同身受。我们要做的只是试着理解其视角,而并非一定要同意其观点。

律师们常说,达成协议其实就是交流思想的一次会议。换句话说,思想相同就能达成一致。试想,除了思想交流,双方还有心灵的碰撞,那岂不美哉!双方不仅能理解彼此的想法,还能感受到彼此的感受——这就是共情!

不仅如此,共情式倾听还能表明我们尊重、认可对方,对其观点感兴趣,从而增加对方对我们的好感度。

提升倾听的层次和水平,努力成为共情式倾听者,通过感知和反映对方感受以示共情。仅仅关心对方是不够的,我们还要让对方知道我们的关心。问问自己,这句话背后到底包含了怎样的情感?用一句话回应,或用一个问题来反映对方的情绪状态。比如:

"你当时肯定很失望。"

"我知道你很难过。"

"你肯定很担心这件事。那现在打算怎么做?"

这对建立信任和融洽关系、维护关系、促进信息交流大有助益,还能提升别人对自己的好感度。

要知道,共情并不等于同意。我们完全可以理解对方的感受,而全然不同意其立场。无论我们是否同意其观点,对方都很重视我们的关心。人们常说,只有知道你有多在乎,才会在乎你知道多少。

复 述

无论是面对面还是通过电话进行谈判,我们都可以使用复述的技巧。复述其实很简单,就是重复对方所说的最后几个字,引导其对前续发言进行解释说明。让对方继续说下去总归是好的,不仅可以获得更多有用信息,还有助于建立融洽关系和增进好感。我们听到别人在说同样的话会感到轻松、亲切和欣慰。下面来看个例子:

对方:"之前的供应商有些不太可靠。"

我方:"不太可靠……"

对方:"确实,延迟发货是常有的事,就连电话都接得不是很积极。"

我方:"连电话都不接……"

对方:"对啊,我们大多都得留言,追着他们问答案。"

我方:"明白了。看来及时回复对您来说很重要。"(然后就可以讲讲我们会怎样把这点做得更好。)

可以看到,重复多少或重复几次并没有固定的规则。但一定要实时判断,掌握好复述的程度,不要让对方觉得我们只是在单纯地模仿。一旦为下一步行动搜集到足够的信息,就可将对话引向其他方向。

被共情

让谈判高手脱颖而出的一项重要能力就是共情,或者说同理心。也就是说,不仅能从对方的角度看问题,还能真正地理解对方的观点。大多数人即使不是全神贯注,也会在很大程度上关注自己的立场、自己的理由,以及自己接下来想说的话,做到共情对他们来说并不容易。既然共情能力如此稀缺,如能让对方被动地与我们共情，那岂不是很好？虽说"被共情"这个名字听来有些奇怪，但也确实是个办法。

> 费希尔和尤里曾就这点分享过一件轶事：
>
> 1970年，一位美国律师得到了一次就阿以冲突问题采访埃及总统纳赛尔的机会。这位律师问纳赛尔："能谈谈您对（以色列总理）戈尔达·梅尔有何期望吗？"
>
> 纳赛尔回答说："撤军！"
>
> "撤军？"律师问。
>
> "撤离阿拉伯的每一寸领土！"
>
> "不进行交换？没有任何代价吗？"美国律师难以置信地问道。
>
> "当然。这本来就是我们的领土，她理应答应撤军。"纳赛尔答道。
>
> 律师随后说道："试想明天一早，戈尔达·梅尔就出现在以色列广播和电视上说'我谨代表全体以色列人民在此郑重承诺，我们将撤离西奈半岛、加沙、西岸、耶路撒冷、戈兰高地，撤离从1967年起占领的每一寸领土。还有，我并未获得阿拉伯方面任何形式的承诺'。您觉得等待她的将会是什么？"
>
> 纳赛尔突然大笑起来，"哦，那她肯定要内忧不断了！"
>
> 纳赛尔在当天晚些时候表示愿意接受停火……而让他意识到埃及向以色列提出的提案到底有多么不现实，这段采访对其态度的转变，可能多少都有些帮助。

这就是让对方站在我们的角度看问题、使其"被共情"的一个例子。纳赛尔总统虽然对自身立场的好处深信不疑，但律师关于如何能让对方同意的提问也让他意识到了自己的要求徒然无益，使其不得不考虑他人观点，采取更现实的方法。

使对方"被共情"最好的方法就是提问，特别是要问"是什么"或"怎么样"，通过问题迫使对方参与进来。即使并未出声作答，对方也会在脑子里回答这个问题。人们在被问到"是什么"或"怎么样"时，几乎不可能不考虑提问者的立场。

"为什么"由于听起来有指责意味，容易使人抵触戒备，所以这类问题通常都难以引发共情。但幸好，只要换种说法，"为什么"总能转换为"是什么"或"怎么样"。比如：

"你为什么要这样做？"——面对这样的提问，人们将作何感想？人们会觉得这个问题有意责备、怪罪，或至少透露出了对方的不满。这种提问方式往往会让人们感受到敌意，心生抗拒，对营造良好的谈判氛围毫无助益。我们完全可以换种方式提问，将其转变为"是什么"或"怎么样"。

"是什么促使你这样做？"——听到这个问题，人们会觉得我们很关心其思维过程。相比被撑，这种提问方式听起来感觉截然不同。我们还可以加一个引导性的短句来缓和语气，使问题听起来更加温和。

"我很好奇，你是怎么想到这个办法的？"——这种说法不仅会让对方觉得我们关心其想法，还会让对方对我们颇有好感。

就唤起共鸣的效果来看，陈述与提问完全不可同日而语。陈述更加侧重事实,在唤起共鸣的效力方面与提问相去甚远。像"试着从我的角度看看"这种没有人情味儿的陈述,可能会引起抵触,直接被忽略、无视。如想引发共鸣,我们应尽量在对方脑海中描绘出具体的画面,将想法形象化、可视化。面对"是什么"或"怎么样"的问题时,对方会自然而然地站在我们的角度换位思考。下列问题就是让人们"被共情"的几个例子:

- 如果你是我,你打算怎么跟老板交代?
- 我应该怎么处理这种情况比较好?
- 如果处在我的位置上,你会怎么做?
- 我们要采取哪些必要的行动才能完成这笔交易?
- 我们怎样才能让这个方案行得通呢?
- 如果无法达成协议,你会怎么做?
- 如果……你觉得会怎样?

记住,谈判讲究的是付出与回报。让对方"被共情"的最好方法就是我们先主动与对方共情。如果我们不顾对方需求,坚持强推我方议程,那对方可能也不太会接受配合。相反,如果我们率先展现出同理心,对对方表示理解,那互惠原则就派上了用场,对方也就更可能会考虑我们的观点。

失败是成功之母

受一些观念的影响，我们总会习惯性地认为"是"比"不"好。人们大都想得到肯定。肯定固然很好，意味着我们可以实现自身需求；而否定则意味着拒绝和伤害。如果觉得这种否定和拒绝针对的是自己，我们当然会觉得受伤。但我们属实不该如此！对方说"不"的原因可能有很多，毕竟那是他们的选择。否定所反映的可能并不是对我个人的评价。而且，再退一步讲，即使我们就是想得到肯定的回答，"是"也并不总是意味着肯定。

轻易给出的肯定多半有假。对方虽然满口答应，但心里想的其实是"是，都可以，让我先自己静下来想想"。他们专挑我们想听的话说，其实只是想支开我们，而并非真正认同。

"是"有时只是一种确认，而并非承诺认同，可能意味着"是，我明白，好的，对，懂了"，而并非"是，成交！"

当然，我们的终极目标是让对方说出代表承诺与认同的"是"，但也往往只有在最后才能听到这样的回答。失败是成功之母，在通往"是"的道路上，我们可能会听到无数的"不"。

我们不想立马得到肯定还有另一个原因：太快或太轻易就获得肯定会让我们怀疑达成的交易是不是真的很好。这就会导致所谓的赢家魔咒，我们会想：这也太容易了。他为什么这么快就同意了？是不是有什么事我并不知情？感觉不妙！但若经历了多次拒绝，最终才得到来之不易的肯定，那我们就会萌生信心，认为自己所达成的交易可能已近乎完美。

很多销售人员都接受过这样的培训：先通过一些简单的问题来引导潜在客户给出肯定的回答，然后循序渐进地让其在最终决定中点头答应。很多人可能都有过被一路引导着点头称是的经历。这往往会使人们倍感压力，而鲜少真正认同。即使嘴上表示认同，人们心里想的通常也只是"是，都可以，让我先自己静下来想想"以应付了事，或者"是，对，我明白"以示确认，而并非真正的承诺与认同。

人们在感到压力或犹疑时，往往就会说"不"。拒绝其实是人们的一种自我保护，让人们可以维持现状，在司机位上保持主导。人们在说"不"时，潜台词其实是"除非真的做好准备并从心底里接受认同，不然，我是不会同意任何要求的！我要一切尽在掌握！"那为什么不开门见山、直扣重点，直接让他们说"不"呢？要为其营造一种安全感和掌控感。我们所追求的并非眼下的肯定，而是最后的认同。"是，成交！"这种表示承诺和认同的"是"才是我们的终极目标。

事实上，每次谈判都是从"不"开始的。如果一开始就回答"是"的话，那就不需要谈判了，对吗？拒绝只是一个起点，同意才是我们所希望到达的终点。

大多数人在听到"不"时都会感到气馁，在被老板或重要客户这种位高权重的人拒绝时尤其如此。由于不想表现得咄咄逼人或盛气凌人，人们往往都不敢深究。他们担心对方会说，"不"这个字有哪里听不懂吗？或者有时只是单纯地不想冒险、害怕受伤罢了。被拒一次已经够糟了，为什么还要冒着再次被拒的风险再问一次？答案真的会不同吗？

"不"这个回答并非板上钉钉、不可动摇。每次在听到"不"时，都可以将其视为一种开放的立场。人们说"不"有时真正的意思是："根据你提出要求的框架、表述和我当下的心情，基于目前对星标事项的排序，以及不胜枚举也不甚明朗的其他各种因素，我现在倾向于说不。但是，如果你能重新调整要求的框架与表述，修改你的提议，或者明天或下周晚点再问我，我可能就会答应。"这完全不是坚定、绝对的最终拒绝，对吗？

对方口中的"不"可能包含很多意思，如：

- 我不确定……
- 我担心……
- 我也许错过了什么……
- 如果我犯错了，怎么办？
- 老板或其他利益相关者得知这笔交易后会有何反应？
- 再等等也许会达成更好的交易……
- 我还没准备好承诺……
- 一旦说了"是"，就代表我同意了你的提议，让你觉得可以掌控一切，天知道会发生什么，还是说"不"更简单安全……

因此，下次再听到有人说"不"时，我们可以反问他们"为什么不呢？"他们可能会回答一、二、三这几点。然后根据其理由，我们就可以思考如何改变方式以对要求进行适应性调整，并在考虑到上述因素的情况下向其提出新的建议。对此，对方既可能称"是"，也可能说"不"。如果他们点头称"是"，那自然皆大欢喜。但如果他们仍然说"不"，那我们可以继续追问"为什么不呢？"他们可能会再提到四、五、六这几点。据此调整要求，将其与一系列问题捆绑在一起，并不断探索其他可能性，我们就有可能成功地化"不"为"是"。

实质性问题和个性化问题

每个谈判中都有实质性问题和个性化问题。实质性问题事关谈判主题。价格、数量、交货日期、付款时间及其他条款条件等问题都是实质性问题。为努力达成可接受的协议，我们会就这些问题讨价还价。

谈判还可能牵涉一些会影响双方关系的个性化问题。对方可能会有某些习惯和举止让我们感到不适，比如：说话大声，不近人情，令人生畏；总是迟到，说话没有分寸，或是拖慢节奏，让谈判超过预期的时长；试图用强硬的策略施压，催促我们仓促地做出决定。又或者对方极具个人魅力，试图用甜言蜜语让我们做出更多超出预期的让步。面对实质性问题和个性化问题，可参考下列建议：

明确区分个性化问题与实质性问题

在与他人打交道时，我们很容易受到自己喜恶的影响。面对喜欢的人,可能会相对宽松;面对不喜欢的人,可能会由于主观感受而无法对其提起兴趣;面对厉害角色,则可能会在一些问题上做出让步,以期赢得其认可。

应就事论事,而非就人论事。不要受个性因素的影响。若对方极具魅力,那在其要求让步时,一定要问问自己,如果换成一个自己不喜欢的人,我们是否还会做出同样的让步。按理说,即使面对不同的对象,我们的反应也应该是一样的。我们要专注于谈判的实质,不管对方的个性如何,好生意就是好生意。

不要以实质性让步换取个性化让步

假如我们正在与一个厉害角色谈判,可能有心以价格(实质性问题)上的让步来迁就对方,但这将适得其反。对方非但不会领情,反而会继续刁难,攫取更多的实质性让步。因为我们已经用实际行动向其表明,这很奏效!与其努力迁就,倒不如坚定立场,就事论事,专注自身利益。厉害的谈判者往往尊重实力,鄙视软弱。不要为了换取认可或协调关系而在实质性问题上做出让步。任何实质性让步都是为了换取其他实质性让步。

拒绝要对事不对人

要知道,人们并不总能分辨出拒绝的对象到底是信息的提供者,还是信息本身。尽管我们可能无意在个人层面拒绝信息提供者,但说者无意、听者有心,有些人还是会这样认为。明确表示我们拒绝的是这项请求,而非提出请求的人,并让其一直都保持这种意识及观点。例如，我们可以说"我可不同意这个条件"，而非"我真的帮不了你"。

说明理由

拒绝一项提议时，我们先说喜欢什么。寻找共同基础，即一致点，然后再解释我们不喜欢或想要改变的地方及原因。对方想要知道拒绝的原因，说明理由有助于获得对方的理解。

避免负面表述和定性

激烈的负面表述充满火药味，很容易使影响从问题扩散到个人。例如，如以激烈的言辞对某项建议给出负面评价，那建议的提出者可能会认为这是在针对他们个人，对其想法进行定性会被认为是个人的轻视或侮辱。此外，使用负面表述还会使我们看起来消极而不讨喜。我们应始终保持中立或积极的态度。

建立信任

信任是任何良好谈判关系的基础。一旦建立其信任的关系，谈判者便能更好地摆脱形式的束缚，在更短的时间内达成更好的协议。彼此互相信任的谈判者往往更不容易出现争端，而且在出现争端时更有可能友好地解决。

我们可以通过了解对方的个人情况来建立一种信任关系。花点时间社交，以轻松的方式了解对方。在一些文化中，熟络是至关重要的一个过程。只有感到与对方相处舒适，人们才会真正开始切入正题。

仅仅在社交上认识对方是不够的。我们还必须值得信赖，必须赢得也值得他人的信任。这里有一个等式[①]直观地量化了信任这一概念，即信任与可信度、可靠度、亲近感和自我导向有关：

$$信任 = \frac{可信度 + 可靠度 + 亲密度}{自我导向}$$

可信度是指我们的知识、专长、资历及将其有效传达给他人的能力。对方为什么要相信我们，要把我们视为权威？可信度在很大程度上取决于对方的认知。我们可以通过着装、言语和举止来提升现有的可信度。特别要关注的是，我们怎样才能在对方面前显得更可信？

可靠度是指兑现承诺的能力。我们能否超越（或至少达到）对方的期望？能否兑现承诺？再往上走，是否有"少说多做"（少承诺、多兑现）的声誉？要知道，我们代表的是自己所在的组织。如果组织声誉良好，那我们也跟着沾光，反之亦然。良好的声誉可以创造惊人的成就，但撼动糟糕的声誉同样可能会出奇地困难。

亲密度是指对方与我们打交道时是否感到舒适或安全，与亲和力、融洽关系和关系质量相关。亲密度探讨的是，我们怎样才

[①] 大卫·梅斯特，《值得信赖的顾问》，2000年。

能通过建立关系而使对方对我们感到放心?

自我导向则是重点与意图的问题。我们是否明确地以金钱和自身利益为动机?对方觉得我们是为他们好，还是为了自己?我们怎样才能最大限度地看起来不是为了自己，而是关心对方利益、与其共情?

为增进信任，我们可以扩大分子（可信度、可靠度和亲密度），或减小分母数值（自我导向），或两者兼而有之。以下是一些可以提升可信度的方法：

- **诚实**：遵守承诺，保持诚实的声誉。
- **坦诚**：开放磊落、光明正大的态度将会让我们获得别人的信任。这并不是说我们必须袒露一切；告诉对方有些信息确属机密，也完全无伤大雅。
- **始终如一**：人们对那些有明确价值观且不折不扣地践行、遵守的人更放心。记住要"少说多做"。
- **重视关系**：对于持续合作的重要伙伴，双方关系的走向与未来比任何一次谈判的结果都重要。确保对方知道我们非常重视与他们的关系与合作。
- **充满信任**：信任是一条双行道。要想让他人信任自己，就先要表现出自己对他人的信任。当然，也没必要盲目地信任他人（至少在有证据表明我们是枉置信任之前），但理应让其知道我们怀疑的理由。
- **合理协调自身利益**：虽说所有谈判都是为了自身利益，但一味追求自身利益而置公平合理于不顾，会使我们看起来不太值得信任。一定要表现出对对方利益的合理考量。

信任虽然是一个很大的加分项，但在谈判中并非必不可少。只要足够信任谈判的过程，即使不太信任对方，也仍可进行有效谈判，获得丰硕成果。各国虽然不太信任彼此，但因为相信国际社会的制度框架，所以仍会经常进行谈判。同样，银行也不会因为缺乏信任而停止放贷。因为他们对银行系统、信用报告系统和法律系统都很有信心。不过，随着商业和谈判变得愈加以关系为导向，信任肯定会变得越来越重要。

非语言沟通

非语言沟通往往比单纯的语言更重要。对方是开放包容、平易近人，还是警觉戒备、守口如瓶？是诚信直言，还是满嘴胡话？是兴致勃勃、热情满满，还是不顾一切、困惑迷茫？注意对方的肢体语言、语气语调和面部表情。这些大多都很直观，我们可以通过留心观察和实践练习来提高对基本非语言信号的解读。但我相信，二八定律在这里也同样适用。对于生活中大多数谈判者来说，想要成为阅读肢体语言的专家并不现实。其实，我们不必非要学会解读成千上万的微表情，只要够用就好。我们的大部分时间和精力还是应该用于为谈判做准备。

我们要敏锐察觉出对方是否感到不适，是否在撒谎或言行不一。如果确实觉得哪里不对劲，我们还是要试着找出原因，给他们的情绪贴上标签，比如：

- "我感觉你对这条好像不太满意……"
- "也许是我多心了，不过你似乎不高兴……"
- "我是不是说了什么惹你生气了？"

我们不知道对方会不会主动做出回应，也无法控制这一点，但这并不会影响一些明显的实质性问题。事实上，对方很可能为了保住面子暂时拒绝我们的建议，而在之后缓和行为以示回应。

在任何情况下，无论我们是否认为对方有所隐瞒、举止滑稽，最终决定是否接受协议的都是我们自己。虽说最终协议可能是书面合同的形式，白纸黑字，通篇都不会有任何非语言交流，但在一定程度了解肢体语言和面部表情，可能会让达成协议的过程变得更加容易、顺畅。

非语言沟通同样是一条双行道。一定要注意我们所发出的非语言信号：手指不停地敲桌子，可能是紧张或不耐烦的表现；双手在胸前交叉，可能是警觉戒备或不自在的表现；眼神上回避，则可能是缺乏信心或有意欺瞒的表现。不要从肢体语言和面部表情流露出自己的软弱或消极，而要用肢体语言来表现想表现的自信、能力、准备和专业度。恰当的肢体语言可以擦亮我们的光环，使其愈加耀眼明亮。

非语言沟通本就是极难掌握的一个独立领域，当然不是几段话就能涵盖的。我们要想成功掌握这门艺术，可能需要花费数年时间来学习、琢磨。与其试图解读他人肢体语言的细微差别，倒不如专注于自己的非语言沟通来得更有成效。让几位亲密的朋友或同事对我们的面部表情、手势和举止给出诚恳的评价，或是让其在谈判或会议中录像，以帮助我们观察自己的行动。就算并不优雅，我们也必须知道自己不加修饰的样子，直面真相。我们是否在不知不觉中发出了错误的信号？是否有任何明显的不足？如果有，那就在这些方面努力改进。

文化差异

在与来自其他文化背景的人谈判时，还需额外注意一些地方。我们要意识到文化差异，并将其视为一种可能的假设，而非必然的前提。很多人可能都听说过日本商人不太喜欢直接说"不"，还经常会在无意同意的情况下说"是"，但这并不意味着与我们谈判的日本友人就一定是这样。一定要跳出刻板印象。此外，请记住，个性因素既可能与文化期望相符，也可能与其相左。我们面对每一个谈判的对方，都应将其作为独立而完整的个体来对待。

全球化已使许多文化元素受到了同质化的影响。人们更加了解各种文化差异，并愈加开放包容。例如，以前，日本商人总会向对方鞠躬问好，而只有提前了解过日本文化的西方商人才会知道他们习惯于通过鞠躬而非握手来表示问候。时至今日，大多数日本人都会握手问好。当然，鞠躬也是可以接受的。任选一种或两种方式问候，并不会引起什么"国际冲突"。

除手势、习俗和行为等广为人知的文化差异之外，我们还应注意到许多不那么明显的文化差异。下面我们会触及谈判中一些更重要的文化层面，但也都只是浅尝辄止。如要在埃及、巴基斯坦等地经商，有许多生意经，甚至是整个系列的书籍可以参考。如要前往这些国家，或是与当地人进行谈判，一定要好好阅读相关书籍。如有同事或联系人来自这些国家，或与当地人打过交道，那可以向其求教一些重要的行为准则，在出发前了解好情况。即使人们通常还是习惯用英语谈生意，但简单学几句当地语言，如"早上好""请""谢谢"等，也是一个很好的做法。这不仅可以博得大多数人的青睐，还将为谈判奠定积极的基础和论调。说到这儿，我们就不得不提到更为重要的一些文化考量：

高情境沟通与低情境沟通

在高情境文化中，沟通精细微妙，高度注重细节。话语往往会间接地表达意思，有大量的意思需要推断得出。人们必须谨慎使用措辞，并且要知道，即使是精准的用词，往往也会受习俗、文化、背景等因素的限制。亚洲文化往往比西方文化更注重情境。

在低情境文化中，用语往往简单直接。一方面，这可能有助于与其他低情境谈判者进行清晰的沟通；另一方面，对高情境谈判者来说，就可能有些直率甚至粗鲁。一定要了解对方的情境维度。

多元时间观与单一时间观

不同文化背景的人有不同的时间观。从小在迈阿密长大的我,接触到的一直是所谓的"古巴时间观"。如果是在古巴参加婚礼,即使迟到 30 分钟,你也仍然会是第一个到场的人——所有人都会迟到。而在一些亚洲国家较为常见的"橡胶时间",则反映了人们对时间更为宽松的态度。那些时间安排和最后期限更为灵活的文化,往往都节奏偏慢,也就是人们常说的多元时间文化。

另一方面,单一时间文化重视守时,认为这是尊重和专业的象征。在会议上迟到几分钟,对方就可能会对你有意见。人们不同的时间观对谈判产生的影响由此可见一斑。

正式与非正式

在正式的文化中,头衔、角色、资历、社会阶层甚至性别对协议的拟定都很重要。人们不得不承认,那些在认知中地位较高的人拥有某些权利,或者说特权。在有些文化中,发言一定要长幼有序,即在长辈讲完之后,年轻人才会受邀发言;还有些文化中,会议室可能鲜少出现女性的身影。

而在非正式的文化中,人们所认同的往往是一种更加随意的方式。年龄、性别和阶级都不是主要问题,头衔也并不重要。即使是年轻人,也可能会根据其角色和专长得到应有的尊重,而非年龄或经验。硅谷就是一个很好的例子。

个人主义与集体主义

个人主义文化高度关注个人意愿，鼓励人们走自己的路，追随心中的缪斯，实现自我。反叛不仅可以被容忍，甚至还会得到鼓励和推崇。

集体主义文化则强调个体在群体中的角色，强调达成共识与一致。这类文化重视谦逊，正所谓"枪打出头鸟"。亚洲文化往往更倾向于集体主义，其中有不少国家都是姓氏在前，名字在后，反映了集体高于个体的意识与文化。不过，这种情况也在迅速改变。在许多传统的集体主义社会中，一种新的个人主义和企业家精神正在出现。

重谈判文化与轻谈判文化

在重谈判文化中，人们往往普遍都抱有议价思维，期待讨价还价。想想那些穿梭于中东集市的人们。他们享受游戏，乐在其中，觉得没有砍价的买卖缺乏乐趣、没有灵魂。

而在轻谈判文化中，议价空间相对有限。讲价可能会显得不太体面。一个来自低谈判文化的顾客在露天集市上可能会被生吞活剥。

"文化冲突"这个词含义丰富，但大多都源于文化环境在上述五个维度的差异。随着全球化的发展，虽说各地情况正在迅速改变，但传统却很难从根本上实现改变。在与对方谈判时，要尽量预测可能会出现的文化问题。话虽如此，但也不要太过倚赖刻板印象或文化形象。个人特征比文化属性更重要。表明意图对弥合文化差异有一定作用。如能怀着普遍的人类价值观接近对方、尊重对方、建立融洽关系，并寻求理解，我们则会减少文化差异带来的问题。

电话或邮件谈判

许多人都会问我，应该面谈还是通过电话或邮件谈判。很多时候，答案是由成本、地点、时间和便利性等因素决定的。还有些时候，可能根本就没有其他选择。

面谈虽然比较正式，但能促进沟通和理解。面谈这个方式可以为我们提供丰富的信息，利于观察对方的面部表情、肢体语言及其他非语言线索。因此，面谈更有可能产生双赢的结果，适合于实质性事项的谈判。越重要的谈判，越需要面谈。

现在也有很多邮件谈判。与面谈或通话相比，邮件沟通更容易造成误解，但对小事或时间、出行或成本受限的情况来说，可能是最佳选择。邮件可以让我们反复斟酌语言，给出坚实可靠的答复。对于反应不够快、不自信或不善表达的人来说，发邮件可能是更好的沟通方式。但邮件谈判由于速度较慢且不甚顺畅，所以往往不太可能产生双赢的结果。

电话谈判是一个快速而经济的选择。这种沟通渠道的明确性介于线下会议和邮件往来之间，适合于日常事务或那些没必要进行面谈的事务。

电话谈判的其他优势如下：

- 比线下会议节省时间。有时，为了不枉我们拜访对方公司所花费的时间和精力，明明是几句话就能说清的事儿，却还是要刻意地延长面谈的时间。
- 电话中更容易说"不"。电话提供了一个缓冲区，我们无须看着对方失望的眼神。
- 对于不太自信的谈判者来说，相比线下会议，电话沟通相对没那么可怕，所以更有助于实力较弱的一方。看着失望的眼神就已够糟糕了，对方要是再一脸阴沉，那可能就更难对付了。
- 相对于外在的风格和形式，电话沟通更注重内容和逻辑。线下会议可能会比较讲究排场和场合，而电话谈判则往往直奔主题。

市面上目前已有许多电话和视频会议平台，而且还在有更多的平台不断涌现出来。虽说电话会议比国际差旅便宜经济，但实际上，就我自己的经历和记忆来看，能够顺利进行的电话会议寥寥无几。当然，技术发展的脚步不会停止，沟通问题也无疑会不断涌现。

第六章

心理弱点：情绪和偏见

造就人性的不是理性。人之所以为人，是因为有情感。

——爱德华·奥斯本·威尔逊

人们普遍认为，谈判是一个深刻而理性的过程。计划、准备、策略，以及试图领先对方提前考虑几步，都表明谈判是一项高度依赖逻辑的脑力工作。但实际上，我们对自己的分析能力的确不敢恭维，因为人类毕竟是感情动物。

情感在谈判中的作用

包括谈判在内的各项人类活动都会涉及情绪。人人都有情绪，无论是自身还是他人的情绪，我们都必须与之共存。情绪会影响我们的思想、感受及行为方式。谁都无法避免情绪的影响，所以最好的办法就是认识情绪，并学会建设性地处理情绪。

情绪有积极情绪（快乐、自信、享受）和消极情绪（愤怒、恐惧、尴尬）之分。消极情绪往往会引发竞争，导制胜负分明的局势；积极情绪则鼓励合作，支持双赢的结果。

情绪也是会传染的。我们的情绪可以感染他人，也可能受到他人的感染。一般来说，勇于表达自我的人将会影响那些不善表达的人。

对谈判来说，道理其实很简单。双赢谈判者会管理自己的负面情绪，而不激起他人的负面情绪；同时还会表现出积极情绪，谈论并做一些可能会激起他人积极情绪的事情。听起来很简单，对吗？不幸的是，事实并非如此。

情绪语言

许多人都会把谈判看作一种竞争，而双赢谈判者则会将其视为一次合作解决共同问题的机会。我们所使用的语言可能会反映或背离相应的思维或心态，所以一定要审慎择言。

像"我""我的""你""你的"这样的字眼就反映了一种竞争性的谈判动态。我和你形成了鲜明对比，清楚地表明双方处于光谱的两端。这种"彼此对立"的心态将会让双方很难达成双赢的结果。

当然，我们有时难免需要说"我"或"你"，不过最好还是尽可能避免使用这些字眼，而尽量多用"我们和我们的"这样的表述。"我们"表达了合作的意愿，表明我们都站在同一边，想要共同解决问题。

使用"我们"这样的合作性语言有助于定下双赢的基调。但在一定要用"我"或"你"进行表述时，以"我"的口吻所说的话，往往比第二人称"你"更为有效。比如：

"你要价太高了。"

这听起来有一种评判的意味，而且还把自己的观点伪装成了事实。此外，这一表述还可能让对方隐隐地感受到批评和指责的意味，使其心生戒备，从而更紧抓自己的立场不放，努力在对抗的局面中为其正名。与其这样，倒不如换个说法：

"我觉得你要价太高了。"

这样表达就只是我个人的观点和感受。我们都有权表达自己的意见和感受。如能提供一个支持这一观点的理由，那就更好了。这样的表述没有任何评判和对抗的意味，可以让人们在没有任何不适的情况下继续谈判。

这个例子不仅告诉我们要尽量使用"我"而非"你"的表述，还强调了感受和看法。对方就算不同意我们的感受或想法，也很难就此责难。一定要谨记下面这些准则：

- 不要用话语指责、怪罪或暗示对方有错。不要批评、纠错、对别人评头论足，这只会使对方处于防御状态。相反，要强调我们的感受和看法。例如，比较一下：
  "别催我！"
  这表明一方在过分施压，有一种评判的意味，可能引起听者反感。
  "我需要一些时间来考虑。"
  这既表达了自己的感受，又没有涉及对方动机，所以也不会引起反感。
- 描述而非评判。对事实的客观描述虽然也可能会引起争议，但其形式更为单纯，并不会像评判性表述那样冒犯别人，比如：
  "你的报价低得离谱。"

对方可能会被这种评判性表述所冒犯，觉得是在说他离谱。

"我觉得根据目前行情，你提出三个点的增长还不够。"

即使"目前行情"这里可能还有待商榷，但这句话在整体上更具体，描述性更强，且可以验证。由于是非评判性的表述，所以也不太会引起冒犯。

- 我们在谈判中的用语会极大地影响对方的情绪。所以，应避免使用消极、主观、情绪化或敏感的表述，而要尽量多用积极、合作和建设性的词语。

谈判中的常见情绪

人类有许多情绪和感受，其中大多数都对谈判影响不大。最有可能破坏谈判的两种情绪是愤怒和恐惧。

愤怒

人们普遍认为，愤怒是一种负面的情绪，它像在压力情况下滋生的怪物，驱使我们去恐吓、惩罚和实施报复。愤怒是最难控制的情绪。很多当时看似合理的愤怒，事后回看却常常会后悔。

我们经常表达愤怒，试图恐吓对方，从而能在一定程度上控制对方。如果一心求胜，想要占据主导，或证明自己是"正确"的，对此就不难理解。我们必须要表现出强大，显得一切尽在掌握。愤怒则恰有此效。

然而，我们也可以换一种方式来看待愤怒。愤怒其实是一种保护，可以让我们免受福祉或自尊方面一些已经察觉的威胁。由于是一种保护性情绪，所以在感到愤怒时，我们必须要知道到底在保护自己免受什么威胁。这种威胁到底是什么？很多时候，其实都是挫败感在作祟。我们害怕自己无法实现所想，还是想把自己保护起来。同样，面对他人的怒火，切记这是因为他感受到了威胁。他受到了什么威胁？他想保护什么？

愤怒常常被看作力量的象征。事实上，愤怒往往是软弱的标志，或保护自己不受伤害的一种手段。控制愤怒，并以适当的方式引导它，才是真正的力量。虽然动怒可能是很自然而然的，但双赢谈判者会对它做出建设性的反应。除非得到良好的控制，否则愤怒可能会扰乱谈判进程，甚至是毁掉一段关系。

一般性的原则就是不要表达愤怒。当然，也有例外。如果确实表达了愤怒，那一定是因为我们有理由选择表现出自己的愤怒。例如，强硬的谈判者可能会通过挑衅来测试我们的反应。虽然保持冷静和克制通常是最好的反应，但经思考判断，我们还是决定通过适当表达愤怒或打抱不平，来向对方表明我们绝不是一推就倒、任其摆布的软柿子。这位"强势先生"可能会将其理解为一种力量的展示，并因此更加尊重我们。一旦证明了我们的勇气，他也就不会再找麻烦了。

还有些谈判者希望通过愤怒来给对方施压，以做出让步。这种策略可能会成功，但也会滋生怨恨，还可能让我们以后为此付出代价。我们完全可以在不屈就这一下策的情况下获得让步。

假设对方不是双赢谈判者，不能控制自己的情绪，会把愤怒当作武器，我们应该如何应对？以下是我的建议：

- 我们必须让其怒气发泄出来。我们是无法与情绪激动的人讲道理的，所以干脆就不要尝试。先暂停讨论，任其发泄。这将是一个休息的好时机。我们可以利用这段时间，试着理解其愤怒背后的原因。在负面情绪烟消云散之后，再重新开始谈判。
- 不要因为对方表面已平静下来，就认为他不再生气。愤怒背后的问题可能仍然存在。我们必须解决其关切的问题，但前提是等情绪的风暴过去之后。
- 有一个颇具奇效的问题："我做了什么让你不高兴的事吗？"若他答是，找出问题所在并加以处理。如若不是，那他可能会认识到是自己错怪对方了，并平静下来。
- 认可对方愤怒的意义。虽然表达愤怒并不总是合适的，但对方有权表达自己的感受。为了表示理解，我们可以说："我知道你很生气。你显然很看重这点，我想了解这对你为何如此重要。"
- 鼓励对方分享他的想法，并认真倾听。
- 在对方爆发愤怒时，保持冷静。不要硬碰硬，否则只会激化矛盾，火上浇油。
- 不要把自己当作对方愤怒的对象。对方可能是对自己的表现生气，对情况感到沮丧，或试图掩饰自己的软弱或不安。

不要把自己当作对方生气的对象，因为我们很可能不是。

- 不要通过让步来安抚对方。只有在换取对方让步时才做出让步，而且只在理智占上风时做出让步。一旦放弃某些东西来换取对方的认可，猜猜换来的会是什么？更多情绪的爆发！而且为什么不呢？对方已然发现了一个与我们谈判的成功策略。
- 进行必要甚至不必要的道歉。道歉又不花钱，还能让对方感觉更好。不要让自尊心成为我们获得自身利益的阻碍。
- 关注大局。记住，谈判不是为了证明谁对谁错，也不是为了满足我们的自尊心；谈判是为了获得自身利益，提升身份地位。

我在法学院的整个学习生涯，几乎都是开着破车度过的。到了最后一年，受够了频发的故障和高昂的维修费用，我认为是时候买自己的第一辆新车了。毕竟我很快就会成为一名律师，到时便有能力支付这笔费用了。那还等什么？经过一系列研究，我决定买一辆评价很好的入门级大众汽车。我还想到了一个谈判策略。我先不告诉销售自己打算换掉旧车，然后在浅谈达成可能的最好交易后，再改变主意，问问我这堆破铜烂铁能顶多少钱。我这个准律师（以前从未买过新车）打算好好教教这位毫无戒心的销售（天天以卖车为生）如何谈判。在看似谈成最好的交易后，我给了他一个小小的"惊喜"。那位销售大发雷霆，

> 大声嚷道:"我一直坦诚相待,你却这样对我 [脏话]……真是不讲德行……[又是一串脏话]……"我知道这都是在演戏。虽说他还是个大男孩,但他以前早就见过这种事情了,他并不是真的生气,只是想用情绪上的重击来吓唬我,让我同意他想达成的交易。虽然我没有屈从,但也并不认同他处理客户关系的方式。这就是为什么我的第一辆新车是斯巴鲁。

恐惧

恐惧有 4 种基本类型:对未知的恐惧,对损失的恐惧,对失败的恐惧,对拒绝的恐惧。鉴于各种恐惧都对谈判者有所影响,所以我们更应了解它们对自身及对方的影响,并理性应对。

对未知的恐惧

人们害怕不知道或不了解的东西。谈判可能有很高的风险,并且出现不确定的结果;谈判者对谈判过程陌生,可能会激发恐惧。

准备是恐惧的解药。要尽可能多地了解自己及对方的利益和筹码;制订可行的 B 计划,搜集有关谈判主题及背景的信息;适应谈判过程。准备工作会带来信心,而信心有助于我们减少恐惧。

对损失的恐惧

没有人喜欢损失,但有些人对风险的厌恶确实会异常强烈。事实上,相比憧憬收益,大多数人往往更会受到恐惧损失的激励。

害怕损失真金白银或得不偿失可能会让他们错失良机。反过来，害怕错失机遇则可能会导致亏本的买卖。

准备也有助于消除对损失的恐惧。在开始讨价还价之前，一定要明确并坚守自己的底线和 B 计划，但也要做好退出的准备。我们可以根据新的信息和不断变化的情况来重新评估自己的底线和 B 计划，但一定要和谈判前的评估一样保持清醒。

此外，要明白计划性的冒险与愚蠢的冒险不同。谈判中总是有一些风险因素。所以，如果我们放任自己被恐惧所麻痹，那就没什么好谈，也不会有什么收获。记住，虽说谈判有技巧和机会的因素，但准备得越充分，我们受机会影响的概率就会越小。

对失败的恐惧

人们往往会把对损失的恐惧和对失败的恐惧相提并论。对损失的恐惧涉及金钱等有形资产，而对失败的恐惧则往往与无形的损失有关，如伤害自尊、自我或名誉，或是尴尬、失面子。这些情感上的挫败感可能比金钱上的损失更难承受。

为了保住面子，谈判者可能会置最佳利益于不顾，而选择拥抱失败。由于不想承认自己是错的，所以会一味追求注定失败的策略，还不理智地寄希望于好的结果。即使是经验丰富的谈判者，也难逃不愿认错的恶果。在谈判前充分准备，并要求团队成员在谈判中核实情况，可以避免这种情况发生。

双赢思维可以消减对失败的恐惧，以及对损失和未知的恐惧。因为双方关注的都是为彼此争取胜利，所以把谈判当作一个与对方合作解决问题的机会，可以最大限度地减少对失败的恐惧。强调提问、倾听和共情，可以建立信任，揭示未知。探索更多提案和追求创造价值的精神，可以让恐惧退居其次，从而保持讨论的积极属性。

对拒绝的恐惧

对拒绝的恐惧也是一种对失败的恐惧。我们不喜欢听到"不"字。大多数人一听到"不"字，就会气馁和放弃，认为自己的请求被拒等同于他们个人遭到了拒绝，担心继续追究可能会显得咄咄逼人，或者有时只是不想再冒险被拒罢了。

为克服这种对拒绝的恐惧，一定要不断提醒自己，对方拒绝我们的想法，也许是因为不理解。我们可以追问一句"为什么不呢？"了解对方的想法，确保他真正理解了我们的意思。

"不"这个词很少是板上钉钉的最终拒绝。每当听到"不"时，我们都可以将其视为一种开放的立场、一次谈判的邀约，修改我们的建议，并考虑其他的提案与选择，试着化腐朽为神奇。

虽然"不"通常被看作一种拒绝，但我们最好能将其视为一个机会。想想我们在第五章中关于如何应对拒绝的相关讨论。

准备是克服这些恐惧的关键，也是本书中一直在强调的重要主题。此外，谨记下列秘诀：

- 不要表现得过于迫切。一旦我们表露出对谈判主题的渴望与热忱，对方就可以按照其条款大行其道。
- 制订可行的 B 计划。这将给我们带来信心，并为我们兜底，至少可以保证情况在谈判后不会变得更糟。

- 准备好离开。做笔坏买卖比根本没做成买卖更糟。
- 不要露怯。做好表情管理,喜怒不形于色。记住,大部分谈判都很依赖认知,一定要表现出自信和控制力。

记住,对方也是人,也会在某种程度上经历同样的恐惧。其恐惧的程度取决于认知、自信、准备和意志力的层次和水平。

> 应对恐惧的一条常见建议是告诉自己"我并不害怕"。这个建议很糟!身体能感觉到恐惧,知道我们是在撒谎。与其试图否认恐惧,还不如将其重新定义为刺激。刺激与恐惧的感觉十分相似,但它是一种积极的情绪。
>
> 例如,许多人喜欢坐过山车,在整个旅程中惊恐地尖叫,然后说:"太好玩了!还想再来一次!"他们给自己这种感觉贴上了刺激而非恐惧的标签。如果一想到谈判就会感到恐惧,那可以试着告诉自己,谈判其实还挺刺激的。

人身攻击

谈判可能会变得尖锐而激烈。时间漫长、需求不匹配、没达到预期、个性和文化冲突,以及缺乏进展会使局中人沮丧,发脾气,言辞激烈,从而可能使问题上升到个人层面。人们在受到攻击时,会自发地进行防御,甚至会向对方发起反击。这种攻击和反击可能会使局势在一来一回中急速升温、失去控制，让谈判者情绪激化和自尊受伤，使达成协议的希望变得更加虚无缥缈。

真正的谈判高手不会进行人身攻击，也不会用这样的方式来进行反击。如果确实处于情绪急剧激化的攻击中，那一定要试着平息这种局面。有时，一句简单的道歉行为也许就能收获奇效。道歉之后再向对方提问以示关心，使其有对象可以倾诉。比如："很抱歉，我无意过分追究。您还有什么想说的吗？"

还有，别忘了前面那个颇有奇效的问题："我做了什么让你不高兴的事吗？"若对方答是，那该怎么处理就怎么处理；如若不是，那他们也没什么选择，只能冷静下来、平复心情了。

评论苛刻、态度傲慢

苛刻、激烈、讽刺或贬损他人的评论对谈判永远都不会有好处。往轻了说，可能只是看起来不专业；但往坏了想，甚至会让人觉得不正常。我们可能会认为激将法也许不失为一计良策，就像汤姆·克鲁斯在《义海雄风》中饰演的检察官和杰克·尼克尔森所饰演的海军陆战队上校杰赛普演的那场对手戏一样（"真相你承担不起！"）。但谈判不是审判或电影。我们总会有更好的办法来实现所想。所以，我们完全不必冒着在阴沟里摸爬滚打、毁坏关系、惹人怨恨的风险而去挑衅对方。

此外，不要做出"我们对对方有多公平"的主观评论来让对方领情。暗示对方没理由拒绝我们的观点，可能会令人疏远。就以

"我相信你会发现没有比我们更慷慨的报价了"这句话为例，看似在以非常合理的方式鼓励对方接受我们的报价，但对方很可能会理解为："我可是帮大忙了，谁拒绝谁傻！"

想想对方可能会怎样理解我们的评论。不要使用可能会冒犯他人的语言，例如：

- "这太荒谬了！"
- "你疯了吗？"
- "别这么小气。"

当然，还有一点无须多说，千万不要使用污言秽语、种族诽谤和其他攻击性语言。

努力达到预期：包人满意

认知是谈判的一大要义。重要的其实并不是输赢，而是我们觉得自己赢了还是输了。主观认知的结果要比任何根据客观标准衡量出来的结果更为重要。所以，无论谈判的形势实际有多好，最终还是要看人们对其过程和结果是否满意认可。达到预期，才是王道。

此外，谈判过程在外在形式上必须是看似公平的。人们有很强的公平意识。这在我们的大脑中根深蒂固。如果我们有所偏袒，或谈判过程看起来不甚公平，就会造成对方产生怨恨，使双方关系受到影响。

谈判课堂上有一个很受欢迎的活动就很好地说明了这一点。学生们两两一组，其中一位学生（要约人）会拿到100美元，并按照自己规定的分配方式与伙伴（受要约人）分享。受要约人则有权接受要约并按照提议的分配方式拿到自己那部分钱，或者拒绝要约。根据规则，如果受要约人拒绝邀约，那双方一分钱都拿不到。五五开的要约无一例外都会被接受。要约人通常会觉得自己有权获得更大的份额，提出六四或三一的分配方案。其中有些会被接受，但提议的分配方式越不平等，受要约人就越有可能从中作梗，拒绝要约。真正理性的人，就算是1美元的极端提议也会接受，因为这样至少在金钱上仍会有所收获，1美元也是钱，有总比没有好。但人们并不理性，是有强烈公平感的感情动物。可能宁愿选择两败俱伤，也不愿屈服于那些自认为不公平的待遇。

人们觉得自己没有得到公平的对待或应有的尊重时，可能会非常情绪化和不理智。在整个谈判过程中，要努力做到公平和尊重，并确保谈判过程本身公平公正。

偏　见

偏见也是不理性的一种表现。即使情绪得到了控制，我们的思维过程也常常会受偏见的影响。有时，我们甚至都没有意识到自己存在偏见。心理学家已经对这些偏见进行了分类。简单在维基百科上快速检索一下，就发现了近200种偏见，其中一些可能让我们陷入困境。一定要保持警惕，尽量避免偏见。以下是谈判者需要注意的一些相关偏见：

刻板印象

刻板印象是指根据他人的种族、宗教、性别、文化、职业等人口统计学群体来假设某些属性。这种偏见虽说在政治上不正确，但也仍是人之常情。我们经常将刻板印象当作一种在较短时间内"了解"对方的方式。但有两个方面的问题（除政治正确之外！）：一方面，人们属于多个群体；另一方面，每个人都是独立的个体。

不要落入刻板印象的陷阱。评价每个人时，都要将其视为独一无二的个体。

选择性知觉

我们会选择性地看到自己想要看到的答案，而忽略那些违背我们信念的信息。无论是谈判、投资，还是识人、择偶，这种偏见对生活的许多领域都会造成很大影响。选择性知觉可以放大刻板印象（"我就知道他会这样。毕竟对他那种人来说，这可再正常不过了！"）和光环效应（"她聪明美丽、机智大方，总之，在各方面都很完美！"）的影响。

为避免落入选择性知觉的偏见，可以让朋友或同事核实情况，积极寻求与自己最初判断或首选结果相反的信息。

投射

投射是指我们在别人身上看到自己所见所感的一种倾向。我们经常假设别人的想法、感觉和行为和我们一样，认为自己喜欢什么，别人也一定会喜欢。（如果我们不信任某人，也许说明我们自己也不那么值得信任。）这可能导致我们误解对方的意图。假设对方的价值观和我们一样，也可能导致错失机会。例如，我们重视的可能是金钱，而对方可能更多出于关系、自尊或其他方面的考虑。

我们可以通过客观评估对方，努力地了解其愿望和动机，来减轻投射对我们的影响。MESOs 策略[①]是一个锁定对方谈判重心的好方法。

想象中的固定蛋糕

胜负分明、丛林法则的谈判模式在很多人心中根深蒂固，他们就是不能接受双赢、整合式谈判的概念。持这种观点的人认为所有的谈判都是分配式的，谈判对象所获得的任何收益都必须以其自身利益为代价。一切都是为了抢夺最大的那块蛋糕，而不是探索如何使各方分得的蛋糕变得更大。旧习难改，要想在谈判方面做到原则性地看问题，可能仍需要一定的时间来学习和实践。

想让双赢谈判技巧真正内化为自己的本事和能力，一定要有耐心，关注利益，确定筹码和提案，创造价值，提出共同解决问题的方法。书后所附的备忘录对践行双赢框架将会很有帮助。

---

① 第三章中谈到的"同时提供多个等价条件"。

信息可得性

由于搜集信息费时费力，所以我们往往更依赖现成的资源，不仅会更多地使用易于回想的信息，而且还可能会因为对其印象深刻而夸大准确程度。也就是说，信息来源会对我们的思维产生很大的影响。

我们怎样才能减少可得性偏见的影响？对所遇信息的准确性和来源保持质疑。对花哨的语言和图像千万小心。我们是否有受其表象影响？这需要从其他来源寻找反向信息，并对其进行客观的评估后才能判断。

少数法则

少数法则也是信息可得性偏见的一种形式。以偏概全，即基于少量事件进行广泛概括，可能并不正确。例如，由于信息库可能无法反映更广泛的人群，所以只有少量回复的调查往往会受到质疑。

人们在生活中时常会根据有限信息做出错误推断。比方说，你买了一辆丰田跑车，每隔几周就会出点儿毛病。你的朋友也买了一辆丰田，同样也没好到哪儿去。那这是否意味着所有的丰田汽车都很糟糕？我们当然不能仅凭两个例子就得出这个结论。丰田曾经还被评为年度最佳汽车，可能你买的那辆是个例罢了。

大家现在可能已经注意到保护自己不受这些偏见影响的方法有一个统一的模式：树立意识，做好功课，核实情况。

赢家魔咒

人人都想得偿所愿，但当愿望太容易实现时，我们可能又会想是不是能做得更好。我们想知道对方为什么会如此轻易地同意，为什么不再多斡旋争取一下。这就是赢家魔咒，或者说是买家的懊悔。这在拍卖会上特别常见，竞拍者都沉浸在兴奋之中，而赢家则怀疑自己是否出价过高。赢家心想：没人愿意出这么多钱，那我是不是出多了？这在企业收购领域也很常见，收购公司支付的溢价最终往往会被证明过高，而不是过低。

避免这种遗憾的最好办法是做好充分准备。对谈判的主题进行准确的评估，可以对公平的价格心里有底。必须清醒地对待谈判，理解并保护自己不受情感因素的影响。也可以通过谈判达成协议，如果事情的走向最终没有达到预期，那还可以进行调整。例如，如果是基于销售预测等特定陈述而做出的企业收购决议，那我们可能会更倾向于根据未来的实际数字来调整最终价格。

自利性偏差

我们在评估他人时，倾向于强调个人因素而非环境因素的作用。但在审视自己的缺点时，我们则往往会归咎于环境等客观原因——这从来都不是我们的错！如果我们约会迟到了，那是因为交通太乱；但如果是对方迟到了，那就是因为他不负责任。

我们对功劳和责任的分配方式往往会有某些偏见。当事情结果对自己有利时，我们很可能把结果归于自己的能力，认为"我取得了一个好的结果，是因为努力工作，准备充分，我是个谈判好手,这是我应得的"。但在办事不力时,我们就会找外部原因来解释,"他们很走运,他们骗了我,经济大环境对我不利,我对此无能为力",或是轻视外部因素或环境因素的影响,而把对方想得比实际还要厉害,拥有比实际更多的技巧、专业知识或能力。

我们可能会认为自己的运气比别人更好。"这种事肯定不会发生在我身上,只会发生在其他人身上。"而也有些人认为,自己的生活总是霉运不断,谁都过得比他好。

许多人自视甚高,觉得谁都不如自己:"我比他更聪明,更有技巧,更诚实,思想更开放,也更公平。他可太死板、无理,有失偏颇。"而对方有可能也是这么想的!具体到特定个体究竟会如何解释这些事情,则取决于自尊、控制点及本书范围之外的一系列其他心理因素。只要我们能意识到人人都会受到这些偏见的影响,并努力理解和减少它们对自己的影响就好。

谈判者如想高产有效,就要努力做到客观并对各种可能性保持开放。虽然仍然会有偏见,但我们会更愿意接受自己的缺点和错误,并努力纠正。如能为自己的缺点负责,我们就能从错误中学习,吸取教训,再接再厉。

禀赋效应

这里跟大家分享我个人非常喜欢的一个心理学实验。研究人员给一半小组成员提供了一份免费的礼物(咖啡杯、笔等),并要求这些收到礼物的幸运儿写下这份礼物的售价,而让未收到礼物的人写下他们愿意支付多少钱将其收入囊中。平均而言,拿到礼物的人比没拿到礼物的人对礼物的估价高了 2 到 3 倍。就在礼物没分发到任何人手上的几分钟前，该组对礼物的平均估价在这两个数字之间。拥有某样东西的事实本身就会使拥有它的人比市场更加重视。心理学家将这一现象称为"禀赋效应"。

由于禀赋效应，我们倾向于高估属于自有价值，而低估他有价值。即使一笔好买卖直接摆在我们面前，我们也无法分辨认出。不仅如此，禀赋效应还往往会使我们对现实情况视而不见。

比方说，你要卖房子，你的要价可能会高于它的价值，只因为这是你的房子。"啊，都是回忆！我女儿是在这里迈出了她人生的第一步！"你当然很看重它，但市场并不关心这些感情因素，它只是一个房子，价值不比任何同类房子更多或更少。如果你把价格定得太高，一开始可能会无人问津。一段时间后，你意识到自己的错误，于是降低价格。专门搜寻低价交易的人注意到了这一点，敏锐地觉察到你迫切地想要出手，然后便不断压低报价，连番轰炸。现在能达成交易就谢天谢地了。其实，如果一开始就把价格定得更切合实际，结果会更好。

再次强调，应对偏见的方法是树立意识，做好功课，在抛开情绪和了解市场的基础上核实情况。

反应性贬值

反应性贬值是禀赋效应的近亲，即仅仅因为它来自对方，就将其想法、建议或让步的价值降到最低的一种现象，是一种典型的对抗激烈、胜负分明的行为。我们怀疑其要约，是因为我们认为他们更关心自己而非我们的利益。这有一定的道理，但这并不意味着对方不会提出更有利于我方利益的想法。

我们要批判性地看待对方所倡导的东西，保持开放的心态，并尝试看到其好处。要客观，而不是不屑一顾。权衡每个想法的利弊，而不要在意是谁提出的，并向与结果没有利害关系的同事或第三方征求公正的意见。

优秀的谈判者往往认识到，自己和对方都存在以上这些偏见，并会努力做到平等地接受对方。因为对对方不好的看法会影响双方的信任和沟通，降低达成双赢结果的可能性。

过度自信

自信是把双刃剑。拥有适当的自信（特别是充分准备后的适度自信），是商业世界的重要品质，也是谈判者的宝贵财富。此外，研究表明，在谈判中抱有更高期望的谈判者往往会有更好的结果。其实在某种意义上，也是一种自应验预言。

另一方面，过度自信也很危险。要是认为自己把所有事情都想清楚了，我们就不太可能提出问题，测试假设，并对情况做出现实的评估。我们过度自信，会对可能波及结果的新信息和其他视而不见，要准备好根据最新进展改变我们的假设、策略，甚至是期望。

自信和过度自信之间的界限往往模糊不清。在美国的政治文化中，选民喜欢自信，讨厌反复无常，同情那些被对方贴上软柿子或墙头草标签的可怜政客。这个标签往往是死亡之吻。不要忘

159

了,时代在变,立场在变——坚持自己立场的候选人会比试图解释自己为什么会改变的人更被看好。因此,我们不难理解为什么自信、信念和肯定会受到如此高度的推崇,甚至会有过度自信的风险。

自信是好事,但不能太自信。为了防止过度自信和随之而来的错误,要努力了解所有影响因素,对形势做出现实的评估,并始终关注新的信息。有一句(集多位政治家和经济学家思想的)名言就对此给出了很好的建议:"实变则思变。"真正的谈判高手也是如此。

冲淡论点

只要能想得到,大多数谈判者都会尽可能多地提供论据来支持自己的立场,觉得论据越多,理由就越充分、有力。事实上,提出过多的论据反而会冲淡我们主要观点的力量。

相比机械地堆砌所有论据,选择一两条有力证据着重阐释往往能更好地支持我们的论点。论据"鱼龙混杂",只会让薄弱或无关信息冲淡有力或相关信息的影响。如试图用大量论据雪崩式地压倒对方,那对方可能会把注意力集中在最薄弱的环节上,并以此为由否定其他所有环节。不要让对方有机会轻易反驳,专注于我们最好的几个理由,舍弃那些不太有说服力的理由。理由的选择,在质不在量。

失去焦点

由于投入了时间、金钱、精力和自尊,即使对自己不利,我们在谈判中也可能会面临达成协议的压力,觉得如果没有达成协议,之前所投入的一切就都付诸东流了。但事实上,这些付出并非真正的投资,而是沉没成本。我们在谈判中所投入的一切都会消失。在这一点上,我们的任务是决定到底达成交易更好,还是不进行交易更好。不交易也比坏交易要好。要专注于自身目标,而不是我们已经"失去"的东西。

人们经常冲动行事,有时还可能由于受到那些无关紧要但亮眼吸睛的粉饰吸引,而分散了对重点的关注。多少人曾有过只是为了得到附带"赠礼"而购买化妆品的经历?或是在结账通道排队等候时看到了没想到自己会想要的糖果?请控制好冲动情绪,专注于谈判内容。

何时退出都不算太晚。专注于自身利益,牢记 B 计划,并保持亲切感。青山不改,绿水长流。也许有朝一日,我们还可以恢复谈判,卷土重来。

双赢谈判者往往能认识到自己的情绪和偏见,并采取措施改变。同时,他们还能注意到对方的情绪和偏见。其中一些可以在策略上加以运用。比如,大众汽车的销售人员试图通过情绪爆发来让我屈服。当然,除了情绪爆发之外,谈判还有许多其他策略。我们在下一章中将看到,双赢谈判者不仅要懂得多种谈判策略,还要以适当的对策回应甚至反击。

第七章

谈判战术的运用

手里只要有锤子,看什么都像钉子。

——亚伯拉罕·马斯洛

谈判是一场游戏。和大多数游戏一样，谈判也有许多不同的策略和对策。每种策略（进攻行动）都有相应的防御对策。要想成为谈判高手，我们就需要熟悉各种策略及其适当的防御对策，融会贯通、运筹帷幄，对特定情况下的最佳方案进行抉择。

为什么需要战术

之前我们已经讨论了为什么说双赢谈判或"原则性"谈判是未来方向。当今的企业重视长期关系，而非一锤子买卖，不一定非要分出胜负，争个高下，甚至竞争双方都需要进行合作。合资企业、联合品牌和战略伙伴关系愈加常见。丛林法则已不再是常态。

双赢谈判的特征包括共同解决问题、有效沟通、信任、公平，以及维持健康互惠的长期关系。关系问题是双赢谈判的关键。因为实际上我们是在与合作伙伴而非竞争者进行谈判。

我们可能会想，"为什么要用策略呢？策略不就是耍手段吗？"有时是，有时不是，有时要视具体情况而定。

不知道大家有没有注意到，在讨价还价时，卖家往往要求的价格比他们愿意接受的要高？而买方的初始报价通常低于他愿意支付的价格？这是"低买高卖"这句老话的典型例子。开局"高卖低买"是经常使用的谈判策略之一。

由于这种简单的策略普遍应用，所以我们几乎在每次讨价还价时心里都会有这样的预期。事实上，我们很难相信有人会在开价时就袒露自己真正的底线。因此，开价后就会自然而然地开始讨价还价。毫无疑问，对方也会做出同样的反应。

记住，谈判是一场游戏。即使是夫妻这样亲密的谈判伙伴，也可能会用到一些策略。人们期望看到彼此在游戏中使用特定策略。

需要策略和对策还有另一个原因。虽说我们正在学习如何成为双赢谈判者，但我们的谈判对象可能是老派的、对抗性的谈判者，可能会使用策略来对付我们。因此，我们必须能够识别和应对这些策略。

最后，有些时候，我们可能只是单纯地想使用策略罢了。在一次性的分配式谈判中（如购买二手车），我们可能并不关心对方如何，而只会选择使用策略来为自己争取最好的交易。

谈判策略并不总是黑白分明，没有绝对的公平或不公平，道德或不道德，而是有很多灰色地带。我们要为可能出现的任何情况做好准备。

初始报价与还价

如前所述，大多数谈判都会在或高或低的开价和还价中辗转斡旋。如想与之共舞，就应学习下列这些步骤。

没有人会期望开价即底价。这就是我们不该接受初始报价的原因之一。如果知道对方出价有高有低，可以讲到一个更好的价格，那谁不讲谁傻。

我们还有一个不该接受初始报价的原因：这会让对方感到自己被利用了。想知道为什么？想象一下，你看到邻居正在后院出售一个精致的古老橱柜。你问邻居多少钱,他回答200美元。你立刻说"我要了!"并立马掏出钱包付款、成交。本来经过一番讨价还价,卖家可能愿意接受更低的价格。你迅速同意他第一次报出的较高价格,反而会让他很惊讶。现在,他觉得你一定知道一些他不知道的内情,绝对是你赚了,他赔了。尽管你接受了他的价格,但他觉得自己是这次交易中的失败者。邻居本来还想跟你讨价还价、斗智斗勇,但期望并没有得到满足,所以他其实并不开心,还很可能对你心生嫌隙,甚至影响到你们未来的关系。

相反,如果你还价到150美元,经过一番讨价还价,邻居最终同意以175美元的价格成交。你会得到一个更好的交易,而卖家会觉得他得到了一个公平的价格。他想要讨价还价并最终以中间价格成交的期望会得到满足,他也会感到高兴。永远不要接受初始报价。即使对初始报价很满意,你也要努力讨价还价,这样会使对方感觉更好。

谁来开价

开价和还价的动态其实很容易理解,难的是谁来开价这个问题。

有些人认为最好由自己来开启谈判。其他人则主张永远不要做第一个吃螃蟹的人。哪一种说法是对的?真还不一定!这两种立场其实都有证据可循。下面我们就来逐一对其进行分析。

方法一：尽量让对方进行初始报价

我们可能会感到惊喜。对方的最初提议可能比我们预期的更为有利，可能比我们敢于提出的最高要求还要更好。情况如果是这样，那当然对我们很有利。但记住，不要立即接受初始报价，还是要讲讲价，让对方觉得自己是个赢家。双方在为之努力后会变得更加满意。

我们会学到一些东西。无论初始报价是高是低，都能让我们对对方的心态、愿望、信心（也许还有其现实感）建立起一定的认识，在讲价前对对方有更多的了解。

如果对方的初始报价不理想，我们还可以再讨价还价。如果不喜欢对方的初始报价（或者即使喜欢），我们也可以讨价还价。只要谨记这句话，就不会有任何损失。

如果初始报价太过离谱，我们应坚决但有礼貌地驳回它。不要对不现实的报价还价。退缩（见第178页），并解释说我们真的无法回应这样的提议，然后等待更合理的报价。一旦提出还价，就会让初始报价变得合理，并使其成为整个谈判的一个锚点。初始报价与还价划定了一个谈判范围，而最终的协议成交价可能是这个区间内的任何数字。这个中间数字有多有利，将取决于我们回应对方的第一个数字。

如上所述，我们有足够的理由来让对方进行初始报价。下面我们一起来看另一种方法。

方法二：我们率先进行初始报价

初始报价是一个有力锚点。它确立了谈判范围的一端，并因此影响到结算价格。我们主动提出而非让对方设定初始锚点，对自己是有利的。

初始报价应该在我们期望的较高范围，并接近对方的可接受范围。由于我们可能不得不做出让步，因此最好从一个较高的数字开始，让对方努力争取让步。在开始讨价还价之前，不要透露任何信息。然而，我们也不想一开始就定得太高。尽量设定一个高的目标，但也要现实一点。如果定得太高，我们可能会失去信誉，还会让对方反感。确保初始报价对我们有吸引力，并且是对方可能会接受的。

数字要有零有整。相比经过四舍五入的整数，人们更难对有零有整的数字提出异议，因为它看起来好像是根据数学公式精确计算得出的。

想象一下，一个推销员说"10000 美元真的是底价了，"你会相信他吗？可能不会。你会想，为什么不是 9999.95 美元或 9990 美元？如果他说"我不能低于 9987.64 美元"，你可能会认为他已经尽可能给你让利了，很可能毫不犹豫地接受这个数字。

说明理由支持报价，但也欢迎相反的建议，并对此持开放态度。但凡以书面形式提出了有零有整的高位初始报价，我们就应解释为什么这个报价（对对方来说可能很高）还算公平。询问对

169

方的想法，并认真倾听。等待对方还价，并在其基础上继续讲价。请记住，如果对方最初的还价非常离谱，不要让它成为一个锚点。

我们自己进行初始报价，在某些情况下特别有利。如果是一个涉及很多价格以外因素的复杂谈判，我们的提议就会成为锚点，为接下来的谈判定下基调。对方可能会把我们的提议作为未来讨论的基础，或作为与其想法进行比较的参考。

如果我们是卖家，且自认为对谈判的主题了解更多，那么也可率先提出初始报价，设定一个积极的基调。然而，对于非常独特的物品（一幅精美的油画或一件考究的古董，而不是一辆 5 年前的丰田汽车），我们可能不想开出一个价格，而是希望非常感兴趣的买家会出高价。这种独一无二的物品出价范围可能很广，笃定的买家报价可能会远超我们的预期。我们经常听到一线艺术家的画作在拍卖会上以远远超出专家估计的价格成交。然而，一辆开了 5 年的丰田汽车只是一种商品，买家不可能为它支付溢价。

如果我们是买家，且自认为更了解物品的价值，那可以先让卖家开个价。我们希望有惊喜，但也要做好一切准备，并始终准备一个 B 计划。

无论是买家还是卖家，只要对物品价值还没有深入认识，就说明我们还没有准备好进行谈判，还是先做好功课再说。

锚　点

谈判的开价和初次还价都可以作为锚点。由于最终同意的价格将会在这些价格之间，所以锚点确定了结算范围，是我们用来进行比较的参照物，可以指导我们决定是否接受一个报价或进行何种还价。

当然，还有其他参照物也可以作为锚点。商品的零售价格可能是最著名的锚点例子。你是否曾因商品的"销售"价格与其正常价格对比而印象深刻？就其本身而言，销售价格可能在任何客观标准下都不具吸引力，但当与更高的数字相比，它看起来更有吸引力。

清单价格、投标价格、类似商品价格或者相同商品的先前价格也可以被视为锚点。在非价格谈判中，以前的例子可以作为比较的标准。锚点通常会将我们引向一个任意的数字，并通过比较使最终的结算价格显得更有吸引力。

我们以参考和比较作为捷径。捷径的目的是节省时间，轻松便利，但它也可能会带来危险。依赖锚点会暂时中止我们的客观性。即使在现实中没有依据，我们也会一直依赖锚点。随意抛出与谈判主题完全无关的数字，可能会影响谈判的结算价格。而且，虽然我们可能会对锚点进行一定的修正（"我知道他故意抬高价格，那我就刻意压低来抵消其影响……"），但这通常不足以克服锚定效应。

一定要了解锚点的作用，并对其保持警惕。下面这个例子可能有助于我们理解锚定效应。

想象一下，你正在某个充满异域风情的热带岛屿上度假。一个当地人在市场上拿着一串手工制作的项链向你走来。"早上好，先生。看上这条项链了吗？有眼光！我们一般都卖30美元的，您想要的话，给您 15 美元。"你可能会认为自己享受到了巨大的折扣而接受；也可能还记得，永远不该接受初始报价，还价到 10 美元，并最终以 12 或 13 美元的价格买下这条项链；或者还价到 5 美元，并最终以 10 美元的价格拿下，如果你还是决定买下它的话。如果这个人一开始就说"我们一般都卖 30 美元，但您要的话，给您 20 美元，"即使还价的力度不同，但最终总体上，你还是会支付更多。最终成交价是锚点所设定范围的一个数字。

	方案一	方案二	方案三	方案四
开价	15 美元	15 美元	20 美元	20 美元
还价	5 美元	10 美元	10 美元	15 美元
最终方案	10 美元	12—13 美元	15 美元	17—18 美元

根据上述 4 种情况，我们看到，低位出价，即卖方的初次报价较低时，或他自己的还价较低时，或两者兼而有之时，情况对买方会更有利。买方不应回应卖方的首次高额报价；相反，他应设法让卖方在还价前提出更低的报价，从而避免高价锚点。买方也应该提出比他能接受的更低的还价，这往往也会出现较低的成交价格。道理都很简单，但说起来容易做起来难。许多买家很容易被高价锚点牵着鼻子走，而难以提出较低的还价。他们可能担心对方会认为自己很吝啬，或者可能会因为努力讲价而不好意思。若能将自己推出舒适区，我们就会在今后的谈判中无往不利，收获更多的价值。

同样，首先提出高额报价，拒绝低价还价，或两者兼而有之时，对卖家则会更为有利。但是,许多卖家都会为此感到不好意思。

他们可能怕买方会认为自己贪婪、无理,或是不太相信其产品或服务的价值,所以要价较低。但如果卖家愿意接受相对激进的初始报价,那买家就能在随后的谈判中赚到更多的钱。

我们对初始报价、还价和锚点的讨论也衍生出一些规则:

- 作为准备工作的一部分,要知道哪些范围合理,哪些极端。
- 要求总要高于期望。
- 出价总要低于预计对方会接受的价格。
- 千万不要接受初始报价。
- 注意锚定效应及锚点对谈判范围和成交价格的影响。
- 不要让对方设定不切实际的锚点。如果报价太极端,就不要还价。
- 如果对方认为我们的报价过于激进,不要让步,说明我们这样报价的理由。
- 要更加敢于在初始报价或还价时提出对自己有利的价格。只要不越过合理的界限而走向极端,那报价就越有利于自己越好。

让 步

几乎每一次谈判都需要在达成协议之前做出让步。就像很多谈判一样,做出和接受让步都是很自然而然的。如果认为自己已经了解了一切，而忽略了很多在谈判中可能造成差异的细微差别，那就危险了。

让步指通过缓和立场来更接近对方。例如，提高报价、降低要价、放弃某项要求，或向对方提供其他价值，都是让步的形式。以做出让步的方式将向对方发出重要信号，会影响他的反应。重要的是，要以正确的方式做出让步，以避免被生吞活剥。

> 我的女儿雪妮丝从小在亚洲长大。中国的农历新年是亚洲地区的一个重要节日。节日期间，人们会走访亲戚，庆祝佳节。亲戚家总是有各种各样的小吃，用金箔包裹的巧克力"硬币"就是很常见的一种，这种甜食一般有两种规格。一次，大概是雪妮丝两岁的时候，她在一个亲戚家发现了这些硬币（而且不知从哪里得知了里面有巧克力），并说："爸爸，我想要两个大硬币。"
>
> 我回答："你不能有两个大硬币。"
>
> "那就一大一小。"
>
> "你不能有两个硬币。"
>
> "那就一个大的！"
>
> 根本没人教过这个小机灵鬼让步的套路，她完全是无师自通！她知道如何以最少的让步来获得最多的利益。

假设你想购买一件物品，现在正在讲价谈判，并盘算好成交价最多不能超出初始报价 1000 美元。你应该按照怎样的套路来做出让步？

第一，不要马上提出让步。如果你看起来很愿意做出让步，这会让对方以为随着谈判的深入，你会做出更多的让步。应该让对方来努力争取让步，他越努力，就越重视谈判的结果。

第二，给让步贴上标签。每一个让步都要清楚地表明，我们放弃了有价值的东西，需要得到回报。不要让我们的让步被轻视，甚至是忽视。如果我们在让步时似乎没放弃什么，那对方可能也不会很在意这种让步。价值在很大程度上是主观的，所以要努力让对方看到价值。

第三，不要一上来就直接提出要还价 1000 美元。也就是说，让步要层层展开，循序渐进。从适度的让步开始，以后的让步会越来越小。可以通过减小让步的空间、频次，并增加其难度，向对方发出信号，暗示其要价正在接近我们的底线。

相关研究还说明了分步让步的另一个原因。大多数人喜欢像撕绷带一样，一股脑收到所有坏消息，但更喜欢分多次而非一次性收到所有好消息。[①]这表明，同样的让步如果被分成几部分，会得到更多的青睐。

第四，避免在没有得到回报的情况下做出让步。如被要求做出让步，一定要当场要求一些东西作为交换。一定以对方的让步为条件做出让步。例如，我们可以说"如果你愿意为我做 Y，我可以为你做 X。"如果我们发现自己已经做出了单方面的让步，以使停滞不前

[①] 阿莫斯·特沃斯基和丹尼尔·卡尼曼对迪帕克·马哈拉《让步四策略》的讨论，https://hbswk.hbs.edu/item/four-strategies-for-making-concessions,《哈佛商学院实战新知》，2006 年 3 月 26 日。

的谈判再次取得进展，请确保在对方做出让步之前，不要再进行任何让步。有了再一再二，对方就会追着要求再三再四。我们的每一次让步都要求相应的回报，可以防止对方很快就抱有侥幸心理一味要求索取。而且，我们也可由此得知，对方真的很看重这个要求，然后再考虑我们是否会同意其请求（但别忘了要以得到回报为条件）。

影响力大师罗伯特·恰尔迪尼提出了一种劝说技巧，他称之为"先拒绝，再退让"。[①]根据让步原则，它还是相当有效的。

首先，提出一个过分但不离谱的要求。我们完全相信对方会拒绝。事实上，对方也几乎会断然拒绝。这时，我们再退到一个更温和也是我们一直想要的立场。通过缓和要求，我们表现出似乎做出了让步，这很可能会促使对等让步，即遵从我们修改后的要求。这种顺从技巧很难被发现。对于这点，我曾听过这样的总结：如果你想要一只小狗，别只要一只小狗，要一匹小马试试！

总结一下：尽量少做让步，标榜让步的价值，分步进行让步，随着谈判的进展逐渐减少让步，让对方对我们的每一个让步给予回报。

一些谈判者认为，我们不应该在没有得到回报的情况下提供筹码或做出让步。其他人则认为，提供单方面的让步可以帮助推进停滞不前的谈判。第一种方法是比较稳妥的。如果我们很想做出让步来打破僵局，那就用让步来换取其他东西，例如，"我愿意用 X 换取 Y"。

如果我们确实做出了单方面的让步，在没有得到回报的情况

[①] 罗伯特·恰尔迪尼在《影响力：劝说心理学》（1984 年）一书中详述了该技巧。

下，不要再做出让步。连续做出两个让步会给对方发出信号，让他要求更多。即使是小的让步也是有价值的，不应随意送出。

出价和还价的其他技巧

- 不要表现得太急于达成交易。如让对方得知我们迫切的愿望，对方会让我们付出高昂的代价。
- 不要对谈判的主题掺杂主观情绪。比如，自己住过的房子或开过的汽车。记住，大海茫茫，游鱼万千。要专注于自己的目标，以公平的价格和良好的条件得偿所愿。
- 不要太快提出还价。还价是对先前报价的拒绝，人们会把拒绝视为个人行为。快速而未经认真思考的拒绝，往往被认为是不尊重对方的表现。花些时间来考虑每一个提议，对于不只是单纯涉及价格的复杂提议尤其如此。人们喜欢看到自己的想法被认真对待。
- 提出还价时要说明理由。告诉对方，我们认可其报价，不过想进行一定的调整，并阐明变化的原因。人们喜欢知道原因。
- 准备好应对各种反应，并控制自己的情绪。我们永远不知道对方会说什么或做什么。不管是什么反应，我们都要保持镇定。摆好扑克脸，遇事不动声色。
- 以书面形式提出报价和还价。书面报价看起来更加正式，也更有说服力。人们会更加认真地对待书面文字。好记性不如烂笔头。无论是假意还是真心，书面报价都可以防止遗忘。

以退为进

退缩是另一个众所周知的策略。如果使用得当，效果颇佳——甚至在对方知道我们使用这个策略时也是如此。

退缩或畏缩，是指对报价表示震惊或惊讶。其目的是传递出报价惊人地离谱这一信息，希望报价人收回他的极端报价，取而代之的是一个更合理的报价。这种方式可以立即让对方让步，而无须自己做出让步。

退缩

- 使要约人重新思考自己初始要约的公平性。
- 有助于防止设定锚点。
- 可能会使要约人在对方做出回应之前改进其要约。

尝试退缩策略没什么坏处，而且还经常会奏效。但如果对方在开价时采用退缩策略进行回应，我们又该如何应对？怎样针对退缩策略做出回应呢？当对方退缩时，不要马上用一个更好的报价来回应。相反，要说明我方报价的公平性。现在，我们要讨论的是我方报价，并将其合理化，使其成为锚点。理想的情况是，对方会提出还价，而不是等着我们单方面地降低初始报价。如果我们选择调整报价，对方也可能会努力做出让步，而无须我们做出单方面的让步。

> 一次，我在附近的一个集市上看到一桌的商业书籍在出售。我注意到一本自己感兴趣的书，知道这本书在书店的价格约为30美元。这本书看起来还很新，几乎完好无损，但没有标明价格。如果价格低于15美元，我就买下它。我问卖家多少钱，他回答："5美元。"我脱口而出："5美元！"
>
> 真是便宜得让我惊讶，但他认为我在退缩。为了回应我的"退缩"，他立即说："好吧，3美元。"
>
> 这个例子不仅说明了退缩的妙处（尽管它是无意的），而且也体现了让对方先出价的好处。多亏卖家不识货，我真是好生惊喜！

假意为难

前文提到，我们不应该对交易表现得过于急切，在轻松的谈判中，更要保持冷静。表示不情愿或勉为其难，其实是在努力争取。就像在爱情中欲擒故纵，假装不感兴趣往往会使追求者更努力地争取。然而，如果交易对我们明显很重要，那假装不关心会破坏我们的可信度。我们应表现出兴趣，而非迫切。

想象一下，你正在看一个待售的房子。如果你说"这是我梦想中的房子！多少钱？"你认为房主还会让价吗？你最好说已经看到了一些符合自己需求的房子，如果价格合适，就会继续考虑。这意味着你有一个B计划（在任何严肃谈判中都应有一个B计划），并且正在做出谨慎的决定。如果他们不知道你想要什么，他们就无法帮助你,但你也不想显得很需要。

攫取压榨

我们往往可以在自己不做出让步的情况下从对方那里获得更多的让步,只需回应一句话,如"你必须得做得更好"或"你还是先回去,准备好了再来吧",告诉他们报价是不可接受的。这时他们可能会尝试改进,但不知道要改进多少。我们希望惊喜地看到,对方的调整超出我们的预期。但就算没有,我们也可以接着继续谈判。我们并没有因为尝试而失去什么。

如果对方试图向我们施压,怎么办?回击策略是反问对方"那具体要做到多好才可以?"这样,压力就回到了施压者一方。施压者需要当场承诺一个数字。我们没有像对方所希望看到的那样轻易做出让步,双方在谈判中又回到了同一起跑线。

如果我们是施压者,那就要预见到这种对策的使用效果,并在脑海中想一个具体的数字。如果对方不接受,就像以前一样继续谈判。

红白脸

电影中常有这样的场景:一位警察唱红脸恐吓嫌疑人,然后另一位警察进来唱白脸让嫌疑人认罪。重情义的嫌疑人便跟后面进来的这位警察交代了。他专注于好人和坏人之间的个性差异,忽略了他们都在同一个团队,有着相同的目标。

这在商业谈判中也会发生。扮演这种角色的可以是一个谈判小组,一个商人和他的律师,甚至是进行重大采购的一对夫妻。这是一种有效的方法,可以向对方施压,使其做出更大的让步。

假设丈夫和妻子正在购买家具。一个人不可能既感兴趣又不感兴趣，但如果妻子对餐厅套装非常感兴趣，而丈夫不感兴趣（"来吧，亲爱的，让我们看看……"），夫妻二人就有更大的灵活性与销售员谈判。

应对红白脸策略的对策是"揭发罪魁祸首"。让对方知道我们已经盯上了他们，并告诉他们我们无心游戏。但要以一种善意的方式说出来，"哦，我明白了，你是好人，你是坏人，对吗？演得不错！所以，你们是诚心做这笔买卖吗？"

掌控时间

时间是任何谈判的一个重要因素。任何一方都可以放慢或加快谈判的步伐，使之对自己有利。大多数谈判者高估了自己的能力和弱点，同时假设对方比实际更占上风。我们可能觉得时间对自己不利。这是因为我们痛苦地意识到自己的最后期限、销售目标和其他压力点，而可能不知道对方承受了什么压力。不要认为自己比对方情况更糟，他们可能只是在装酷。我们不也是吗？

一方可能会规定一个最后期限，催促另一方采取行动。"五折销售今晚结束。明天，这套餐厅用品将恢复到平时的价格。"

或者一方可能会拖延时间，希望促使对方匆忙做出让步。"嗯，我不确定，我想考虑一下……"

我们总会本能地掌控时间。我们就是知道什么时候加快或放慢速度对自己有利，但往往很难看到对方是如何操纵时间的。

为有效处理这些问题，关于时间策略，我们需要知道以下几点：

- 各方都有最后期限，即使我们并不知道。它可能不是迫在眉睫，但我们不能让任何谈判一直拖下去。
- 时间宽松的一方比期限紧迫的一方有优势。如果我们有一个紧迫的最后期限，不要告诉对方。但在快要达成交易时，可以让对方知道我们紧迫的最后期限，因为这可能会迫使他们达成协议。
- 回顾我们对杠杆作用的讨论，或者说在某一特定时间谁占上风（见第四章）。杠杆作用在很大程度上取决于时间。有时间的一方具有杠杆作用，但权力的平衡会随着时间的推移而改变，有时会非常快。要意识到在某一特定时间谁更需要交易，并随着谈判的进展不断重新评估局势。
- 最后期限通常并不固定，它的设定只是为了推进行动。最后期限总是可以谈的，即使是法庭和报税的最后期限，也可以延长。
- 应对时间策略的对策就是反其道而行之。如果因为最后期限迫在眉睫而倍感压力，则可以要求给予更多的时间。如果对方以规则为由，则可要求与更高一级的人员交谈。要向对方表示这次谈判对双方来说是很重要的，双方都应该有足够的时间来考虑其优点，不必着急决定。如果觉得谈判拖得很久，可以自己规定一个最后期限。提醒对方，我们还有其他选择，还需要一定的时间做出决定。

除了最后期限和拖延之外，还有时间安排的问题需要考虑。我们可能在上午比在下午更专注，或者可能觉得周一早上没有心情进行谈判，又或是在周五下午因为憧憬周末而无心工作。我们或对方的业务可能会按照每周、每月、季节性或年度周期进行，进而影响谈判。假期也可能是一个因素。要意识到这些时间因素可能对谈判产生影响，并提出应对计划。

在许多谈判中，随着最后期限的临近，大部分的进展都发生在最后几个小时。这主要存在两方面影响：

- 如果我们在谈判的早期没有取得什么进展，不要担心，这很正常。继续提出问题，搜集信息，探索选择，并进行讨价还价。提醒自己，随着时间的流逝，巨大的分歧可以在短时间内消除。这是游戏的一部分。
- 我们可以操纵和利用最后期限来推动项目。陷入僵局时，我们可以考虑强加一个最后期限，以增加良性的压力。

引入竞争

有时，让对方知道我们正在与其他各方交谈，并考虑其他替代方案，是一个好主意。让他知道他有竞争对手，而且他必须赢得我们的业务。记住，永远不要表现得太急于达成交易。

竞争有多种形式，它们可能并不明显。如果我们想买一辆车，各经销商是明显的竞争关系。不太明显的竞争可能是采取公交出行、共享单车出行或电动滑板车的形式。

对方也有其他选择，即我们直接或间接的竞争对手。提醒对方我们的独特之处，无论是质量、声誉、经验，还是其他一些差异化的因素。提醒自己，对方与我们谈判是有原因的。

限制权力

在谈判中限制自己的权力是一个好主意，特别是对方向我们施压，要求我们做出自己可能不愿意做出的承诺时。有时我们的准备并不像自己想象的那样充分，希望有更多的时间来考虑一下。

汽车销售员一直在使用这种策略。在听到你的报价后，他们就去"向经理请示"，然后回来说自己"无能为力。"你永远不会看到这个隐形的经理。

许多人在谈判中让他们的自尊心占了上风。他们可能会说这样的话："我是老板，我说了算，我想做什么就做什么，不需要得到任何人的许可。"一旦说了这句话，对方可能就会迫使你同意你可能不确定的提议。

但是，如果你真的是老板，而对方也知道这一点呢？没有人比你地位更高，没有人可以听命遵从。那么，你能做什么？你可以听从地位比你低的人的意见。例如，你可以说，"我必须在承诺前再跟会计核对一下这个数字"或者"我需要先跟营销团队通个气，然后再给你答复"。作为老板，你可以把某些责任委托给信任的其他人，因为他们具有技能和判断力，重视他们的意见是很自然的。

一个很好的做法是谈判者喜欢在谈判开始时确定他们正在与一个有决策权的人打交道。然而，如果他们试图对你这样做，不要上钩，告诉他们你有特定的权力，超过这个范围就需要向其他人核实。你不要说出具体的人，否则他们可能想当场得到他的批准。你的上级领导应该是一个模糊的实体，如委员会、管理层。

谈判是不可预测的，始终给自己留一条退路。即使用不到，只要知道它在那里，你就会更加舒适和自信。

沉　默

在销售中，有一个古老的公理：谁先说话谁就输了。虽说并不绝对，但情况通常也确实如此。大多数人对沉默感到不舒服。在尴尬的停顿中，他们会说些什么来打破紧张。但这往往是个错误。

学会对沉默感到舒服，让对方来说话。他可能会带来一些好消息。假设对方做出了让步，而你保持沉默。他想知道你在想什么，并可能认为你觉得他的让步是不充分的。当沉默变得不舒服时，他就会开口说给你一个更大的让步。他现在是在和自己谈判。

如果对方对你沉默不语，你不要透露任何信息。重复你上一次的评论，问他怎么看，阅读自己的文件，盯着对方的眼睛，借口打电话或上厕所。你可以做任何事情来打破这种动态关系，而不需要再让步什么。你只要确保不会紧张地笑出声来就好。

捆绑策略

你走进一家快餐店吃午饭。你点了一个汉堡和一杯中杯饮料。

然后你注意到，只需少加一点钱，就能买到同样的汉堡和饮料，外加一份薯条，看来非常划算。等到你吃不下任何东西，盯着剩下的汉堡和薯条发愁时，你才会想自己为什么点了这么多。不好意思，你被捆绑销售了！

卖家经常以优惠的价格捆绑一套相关的商品，以吸引你多花钱。有时这是一种讨价还价，比如你真的想吃汉堡、饮料和薯条。但这往往只是一种促销策略。

要想对付捆绑策略，一定要关注利益。确定捆绑的项目中哪些是你想要的，哪些是你不想要的。你要通过谈判获得一个只包括自己想要的东西的套餐，不要被一个包含不必要的额外项目的套餐所动摇，即便它看起来很划算。

如何应对强硬的谈判者

近年来，人们口口声声说要进行双赢谈判，但取得双赢的结果仍然不容易。虽然我们确实看到了更多的合作性谈判，使双赢更有可能，但我们经常会遇到强硬的谈判者。要如何应对并与其达成好的交易？

面对强硬的谈判者时，你必须首先尝试了解他为什么这么难缠。他在试探你吗？他是在玩硬碰硬的战术吗？他是不是心情不好（脾气）？还是他天生就难缠（性格）？一旦你确定了他故意为难的动机，你就可以成功应对了。

试探

有些谈判者来势汹汹，看看你会有什么反应。他们希望恐吓你，让你放弃更多想要的东西。你要坚持你的立场。如能坚定主张、直面困难，你就通过了测试，他们会尊重你，语气甚至可能更为缓和。

策略

有时，强硬的谈判者是以强硬作为一种策略。即使你顶撞他，他也会继续强硬。他通过经验了解到，当他要求更多时，往往可以得到更好的结果，所以他会试图让你疲于应付。他如果深谙此道，那你必须振作起来，专注于你想从交易中得到什么。

对于强硬的谈判者，最糟糕的应对就是做出让步，误导性地安抚对方。你可能会想，如果让步一点，他就会感激你并放松警惕。但他收到的信息是，通过强硬，他可以得到更多，所以他将继续使用这种策略，而你已经证明它是有效的。事实上，每当对方强硬地向你要求让步时，你也应向他索要一些回报。例如，你可以说"如果你愿意给我 Y，我愿意给你 X"，让他明白不会有免费的午餐。

试探和策略是理性行为，经常被竞争风格的谈判者所采用。然而，有些谈判者是因为其主观情绪而变得强硬的。

脾气

你的谈判对象可能只是今天心情不好，因此，可能会有敌意，易怒，或各种难搞。我们都有不顺的时候，也可能会进而影响对待他人的方式。

如果对方只是因为他似乎对某些事情不高兴而迁怒于你，之前那个具有神奇功效的问题刚好就能派上用场了，"我做了什么让你不高兴的事吗？"如果对方回答"是"，你则可继续追问到底做了什么而冒犯了他，并为此道歉，然后继续平静地进行谈判。如果答案是否定的，他就会明白，他没有理由向你发泄怒气，他很可能会冷静下来。

性格

有一些人根本就不善于与他人打交道。他们可能傲慢、刻薄、天生不讨人喜欢，或者只是单纯令人讨厌。他们不是在试探你，不是在玩硬碰硬的战术，或只是今天心情不好——他们就是生性霸道。人们有时可能会遇到对方恶言相向，喜欢发号施令、耀武扬威。你不会改变他，但也不要屈服于他的姿态。你要尽可能礼貌和专业地摆高姿态，专注于自己的目标，并努力达成让他满意的协议，同时满足你自己的需求。只要对方得到他想要的东西，即使生性霸道，对方可能也不会吝惜对你的赞美。

强硬的谈判者是经商的一大挑战，总的来说，就是要通过了解其行为产生的原因来战胜挑战。

第八章

谈判的收尾与后续事务

没有结束之前,一切皆有可能。

——尤吉·贝拉

在做好功课，提出问题，搜集信息，明确利益和筹码，制订 B 计划，创造价值，制定提案，并最终与对方达成协议之后，双方会握手言和，祝贺彼此顺利圆满。那然后呢？

你感到松了一口气，甚至感到兴奋，期待着享受自己努力的成果。或是感觉非常之好，因为你甚至根本没想过最终会在谈判桌上达成这些结果。

就你们的协议握手言和，并不是谈判的结束。协定不会自己执行，还有更多的事情要做。

最后通牒

许多谈判在发出最后通牒后，无论是否达成协议都会结束。最后通牒是一种要求，要求在某一最后期限前完成某事，并对不遵守的行为进行惩罚。它是一种威胁，接受者可能相信也可能不相信，发布者可能执行也可能不执行。最后通牒通常以"要么接受，要么离开"或"要么做，要么不做"的形式发出。

最后通牒有 4 种表现方式：

1. 成功的虚张声势
发起者并非本意，但接受者相信买账。这只能说是发起者走运。

2. 失败的虚张声势
发起者并非本意，而接受者也不相信。发起者失去了可信度。

3. 成功的最后通牒

发起者有意为之,而接受者相信买账并认输退让。发起者成功得到,而不需要再行威胁。

4. 失败的最后通牒

发起者有意为之,但接受者并不相信。发起者必须贯彻威胁,否则有可能失去可信度。

发起者是否有意威胁?

	否	是
接受者是否相信并买账? 是	成功的虚张声势	成功的最后通牒
否	失败的虚张声势	失败的最后通牒

这是一个有风险的赌博,其结果将部分取决于发起者的决心,部分取决于接受者是否相信威胁会变成顽疾。发起者可能或多或少有一些说服力,但他不能确定接受者将如何回应。

在说"这是我的最后提议"或"要么接受,要么离开"时,你就把自己逼到了角落。如果贯彻最后通牒,你可能会失去想要的交易。如未执行贯彻,你就会失去可信度。无论哪种方式,你都会得罪另一方。由于可信度是如此重要,而且你无法控制对方的反应,你最好不要发出最后通牒,除非你完全准备好执行。虚张声势是有风险的!

如果不得不发出最后通牒,那也要以温和而非强硬的方式。"要么接受,要么离开"这样强硬的最后通牒唐突而不近人情,将会冒犯到对方。你可以用更友好的方式传达同样的信息。例如,"我已经尽我所能做到最好了,和我一起吧"。这听起来不像是最后通牒,而像是在恳求帮助。接受者不会被冒犯,甚至可能会心生同情。

在发出最后通牒的同时,要有一个不太理想的选择,以促使对方做出选择。例如,"我知道你最终可能会得到你的要价,但我们的预算确实只有这么多了"。注意你仍然在下最后通牒:接受它(这是我们能做的最好的)或放弃它(你可以尝试通过其他渠道拿到这个价格),但它听起来不像是最后通牒。接受者可能不想再等更好的报价,所以你温和的最后通牒听起来是更好的选择。

如果对方向你发出最后通牒,你应该怎么做?你有几个选择:

1. 就某些条款提出部分协议,并尝试就其他条款进行进一步谈判。

2. 提出还价。通常情况下,不是A(接受)就是B(放弃)。向他们提供一个新的选项C,他们可能会接受。

3. 不予理会,继续交谈。讨论其他事项以转移注意力,然后再回到谈判上来。"现在,我们说到哪里了?我相信你的最后提议是……"或者建议他们考虑一下,以后再来找你。这就减少了他们为维持可信度而再威胁的压力,并给他们一个台阶下。时间上的缓冲让他们可以"忘记"自己发出的最后通牒。时间越长,他们就越不可能实施威胁。

4. 如要退出(离开),也一定要有礼貌。情况会发生变化,你可能会发现自己以后又回到了谈判桌前,与他们谈判。或者你也可以行使自己的 B 计划。

处理僵局

谈判经常会达到一个停滞的点。双方都不愿意让步,进展停滞不前,挫折感不断上升。你可能会怀疑你们是否能达成协议。当陷入僵局时,你们可以做什么?这里有一些建议:

1. 谈判的大部分进展通常发生在最后阶段。遇见僵局十分常见,但这并不意味着失败,而应将其视为终将被克服的障碍来接受它。

2. 专注于自身利益,并帮助对方专注于其自身利益。激烈的讨价还价自然会被一些小问题分散注意力。重新关注利益和优先事项可以使谈判回到正轨。

3. 寻找创造性的方法来增加价值,探索被忽视的选项。随着谈判的进程,你会了解到新的信息,并据此找到其他可能的解决方案。

4. 建议通过给予一个小的让步来要求回报。一个小的动作可以使事情再次发展。

5. 将谈判的重点放在较小或较容易的项目上。当在一些次要的问题上达成协议时,你就会建立起可以推动前进的势头。

6. 改变谈判的态势。参与者个性的改变可以启动停滞不前的谈判。

7. 你也可以改变环境。不同的环境可以改变气氛，使你回到正轨。

8. 暂停一下。回顾你的策略，让情绪冷静下来。有时，休息一下，放松一下，理清思路，会有奇效。

9. 同意在一段时间内保持沉默。沉默与休息不同，每个人都要留在房间里，只是在5—10分钟内不说一句话而已。在这段时间里，各种想法会悄悄进入我们的脑海，使双方缓和自己的态度。

10. 你也可以规定一个期限。许多谈判都是迫于临近最后期限的压力，而在最后阶段取得了绝大多数进展。有时，时间压力恰恰是双方重启议程的临门一脚。

11. 征求对方同意。有时，只需要一句简单的询问就好。如果他说"是"，很好！如果他说"不"，问他为什么不？仔细倾听其回答，解决其关切，并提出达成协议所需的其余步骤。

12. 如果局势看起来没什么希望，则可考虑引入公正的第三方。通常，好的调解人可以帮助双方达成协议。

13. 最后，准备好在必要时离开。只要确定不是在虚张声势，而且有路可退即可。这需要勇气，但可能需要向对方施压，要求其变得更加灵活。

僵局不一定是终点，坚持下去，你就能使谈判回到正轨。

备忘录和协议草案

在整个谈判过程中,认真做笔记是很重要的。无论是线下会谈还是电话谈判,都要做笔记。你会惊讶地发现,自己和对方都会经常忘记一些事情,或者对讨论的内容有不同的回忆。笔记会救你一命。你甚至可能发现,你和对方实际达成的协议比你回忆的内容对你更有利。

人们会忘记一些事情。即使再怎么集中注意力,我们也不可能记住所有事情。做笔记使你更专注于谈判,这本身就是一个足够有力的理由了。而且,这也是在谈判的各个阶段保护自己的一个好方法。如果谈判的过程复杂或是持续时间很长,则可定期根据笔记起草备忘录,以反映当前的状况。在任何情况下,在谈判结束时有一份备忘录的终稿总归是好的。这份备忘录可能甚至会成为正式书面协议的基础。

建议大家自己起草所有书面合同。对方可能会真心感谢你承担了这一责任,尽管这并不是我们的主要目的。双方不可避免地会对达成共识的内容有不同的理解,最好把自己的理解作为最终协议的基础。起草合同时,你自然会根据自己的理解来编写成文。这并不意味着你有什么不好的动机和念头,你可能甚至都没有意识到协议中会代入自己的主观意识。对方可能也不会意识到这一点。

有些谈判者喜欢在开始谈判之前就起草一份协议。这听起来可能为时过早,但这个想法也不无道理。它迫使你思考自己真正想从谈判中得到什么，也让你有机会可以设定更高的目标。虽然最终的协议可能会与之前设想的不一样，但初稿给了你一些衡量最终协议的标准。在敲定之前，将拟议的最终协议与早期草案进行比较，以确保自己没有忽略任何重要的东西。

对方也可能希望拟定合同。如果是这样，请仔细阅读，确保它与你笔记中的理解相一致。如有任何不妥之处，请立即向对方提问。

在就最终条款讨价还价时，你们可能要对草案进行一系列的审议或修订。在比较草案时，不要只关注用红笔标出的修改部分，要像检查初稿一样仔细检查所有后续的修改。

律师会花费大量的时间，并收取高额的费用来仔细检查合同。花费额外的时间和费用往往是值得的。

执行协议

你是否曾计划与一个朋友见面，但发现会议从未举行？

"昨天你人呢？咱俩约了昨晚见面的！"
"没有啊，之前是说过这事儿，但你从来没有回电话确认过。"
"我还以为咱俩已经说好了，不需要再次确认了。"

一个看起来很简单的计划，但两人却有不同的理解。

协定不会自己执行。对于执行协议，人们有时会误解、忘记，或没有贯彻执行。

任何书面合同都应该明确协议的对象、内容、时间、地点和方式。如果只有口头协议，应通过笔记或备忘录反映双方的理解。继续跟进以确保双方从事的都是之前达成共识的事情。

还记得那对为橙子争吵的姐妹吗？她们最终发现，一个人想用果肉榨出果汁，而另一个人想磨碎橙皮做蛋糕。这个解决方案在理论上听起来很简单，但执行起来可能就不那么简单了。口渴的那个人会不会先榨出果汁，而留给对方削得乱七八糟的橙皮？想着做面包的人会不会先把果皮磨碎，然后只留下裸露干涸、不好榨汁的果肉？她们分别打算在什么时候使用所需部分？她们可能认为自己的问题已经解决了，但真正的麻烦还并没有结束。

我在前面提到，在开始谈判之前，起草一份协议是明智的。至少要问自己：最终的协议会是什么样子？在谈判的过程中应继续思考这些问题：

- 必须采取什么措施？由谁采取？在何时采取？
- 可能会出现什么障碍？潜在的误解有哪些？如何避免它们？
- 你如何帮助对方向其委托人"推销"该协议？
- 如何监督协议的执行过程？

随着谈判正式结束和双方最后握手成交，我们会一心想着庆功而不再考虑协议的各项细节。这些细节会随着时间的流逝而日渐模糊，就连我们自己都可能会转去其他项目。我们所以为的按计划如期进行，也不过是一厢情愿的想象罢了。

为避免以后出现问题，要确保最终协议对上述问题提供详细的答案，至少要把后续工作责任落实到人，比如可将其指派给私助，并为执行协议提供一个明确的框架。

蚕　食

蚕食是指一方在最后一刻试图从对方那里获得额外的让步。例如，汽车买家可能会要求销售员赠送一套新的地垫，或者买房的人可能会要求房东在合同中加入某些之前没有包括进去的电器。

蚕食是一种有意识的策略，而不是事后诸葛亮。蚕食者知道对方可能正沉浸在谈判成功的喜悦中，可以利用这个机会。或者，被蚕食的一方可能担心如果他不同意这个相对较小的要求，交易就会失败。他不想显得小气，就同意了。

当对方在谈判中投入了大量的时间、精力或精神能量时，小打小闹尤其有效。然而，对方可能会反感，觉得你很贪婪，或者你没有谈判的诚意。

像所有策略一样，对付蚕食也有相应的对策，事实上有很多种。下面我们就逐一来看：

- 做出条件反射。蚕食是一种要求让步的行为，而我们不喜欢做单方面的让步。可以用"如果你能给我这个，我也许能给你这个"这样的表述来抵御蚕食。

- 服从更高的权威。"我很想给你那些地垫,但我的经理是不会同意的。"
- 对于经常遭到同行蚕食的行业,直接明码标价。"让我看看,根据我们的标准价格表,我可以按189美元的价格卖给你那套新地垫。我应该在采购单上加上这一点吗?"人们可以说任何事情,但书面价格表是人们通常不会争论的权威类型。
- 诉诸公平。"别这样,我已经给你让这么多了,真的是多一分都让不出来了。"
- 你可以让蚕食者知道你注意到他设的这个局了。"嘿,这个蚕食的动作不错哟!"蚕食本来就是要看起来很随意,而非一种刻意为之的策略。当面纱被揭开时,这个策略就不起作用了,对此要非常小心——不要因为揭发蚕食者而使其丢脸。除非很了解对方,否则可以考虑使用上述4种应对方式。

结算后协议

结算后协议(PSS)是在双方达成初步协议后的一份补充协议,而不是另一份独立的无关协议,使你能够乘胜追击,达成更好的结果。

结算后协议听起来是一个矛盾的说法。你为什么要处理一份已经结算的协议?由于这个想法听起来本身就很可疑,所以可能它很少被使用且在被提及时饱受质疑。但结算后协议，其实是为优质交易锦上添花的一个好方法。

你最初的协议可能并不像它本来那样好。你对另一方并不了解，可能没有建立足够的信任来充分分享信息。你可能没有考虑到所有的筹码或所有的利益。你可能因为害怕失去一个好的交易而过快地接受，而不是坚持寻找一个更好的交易。尘埃落定后，你回头去想才意识到自己怎样可以做得更好，或者也可能想不出任何可以提高改进的地方，但还是想探索更多的可能性。

结算后协议可以为双方创造额外的价值。达成协议的事实表明，你可以与对方合作。你们已经建立了信任和善意，帮助对方变得比达成协议前更好。你们在谈判中都承担了风险，也都得到了回报。有了这次共同解决问题的成功经历，你们都有信心可以继续帮助对方做得更好。

结算后协议假定，如果双方无法达成更好的协议，最初的协议将继续有效。你们可以继续谈判，将最初的协议作为你新的 B 计划，也是对方的 B 计划。考虑采用结算后协议，你不会有任何损失。

例如，假设你与一个新的雇主就入职安排进行谈判。你的协议规定，你将在 30 天内开始工作，这样你就可以向目前的雇主发出必要的通知。你现在的雇主意外地同意了这一要求，直接放你走人，让你在本周末就离开公司。一想到接下来的三个半星期里要没有工资，干坐在家里，你完全提不起精神。所以，你打电话给新的雇主，提出重新考虑时间问题。如果对方希望你立即开始工作，那对双方都好。否则，继续执行原来的协议也不是不行。

考虑到对方的一些想法，你可能不愿意提出结算后协议的想法。对方可能会认为你对协议有新的想法，并试图退缩或从他那里获得更多的让步。他可能会想，为什么你认为现在可以达成更好的协议？难道你之前没有真诚地进行谈判吗？你得知了什么新的信息吗？你的情况有变化吗？这些想法可能会影响对方对协议的信心，担心协议无法像预期的那样成功。

对于不熟悉结算后协议概念的人来说，有这些疑虑是很自然的。你需要预测并打消它们。一定要好好斟酌提出这一问题的方式，强调你对协议感到满意，并打算履行。然后再解释说你只是想探讨一些可能对双方都有利的改进方法，并询问对方是否有类似的想法，或者至少对改进协议的可能性持开放态度。

初步协议，即双方新的B计划，保证了即使没有结算后协议，各方的情况也都不会变得更糟。这一事实为双方探索新的可能性创造了十分有利的条件。

当局面恶化时：诉讼、调解和仲裁

有时，双方无法达成协议，或是对之前协议中的某项条款持有不同意见，但现实却要求我们只许成功，不许失败（例如，管理层和员工的谈判）。在这种情况下，一方可能会以"法庭上见！"这样的话来中断谈判。

除了战争、罢工和停工等极端措施外，有3种方法可以解决谈判破裂的问题：诉讼、调解和仲裁。

诉讼

在影视作品中,诉讼是人们最为熟悉的解决争端的手段。这个想法很简单:双方上法庭,看谁的律师更厉害。

司法的轮盘转得很慢,而且维持机器运转的成本很高。法官对上诉之事进行裁决,原告、被告需要投入很多额外的时间、精力,当然还有金钱。然而,在支付了所有法律费用之后,还是会有一个赢家和一个输家,甚至是两个输家。

除了耗时耗财,诉讼还有其他缺点。其结果不甚明确,且不受各方控制——很有风险。做生意的人喜欢减少风险,而不是把自己暴露在风险中。诉讼是一个公开的过程,通常都有公开记录。家丑不可外扬,大多数人都不喜欢在公众面前晾晒他们的脏衣服。判决是由法官(也可能是陪审团)做出的。虽然法官可能是法律专家,但可能并不了解争议的实质,可能有更多的人更有资格解决这个问题。最后,法律程序的对抗性通常会破坏双方可能享有的任何关系。诉讼当事人往往选择一个强硬的律师来让对方付出代价。不幸的是,高度对抗性的律师并不总是友好地解决纠纷的最佳媒介。

由于这些原因,在许多司法管辖区有一种日益增长的趋势,即要求各方首先尝试通过其他方式来解决争端。在当事人来到法庭进行预审时,法官会首先问他们是否已经尝试过调解。如果没有,他会说:"去大厅找 2-C 办公室,先去调解一个小时再来。"当结果不确定和诉讼费用高昂的影响积累沉淀下来时,双方通常都会发现,还有和解这条路可以走。

当然，不必等法官说调解，双方即可在任何一方决定诉讼之前就同意进行调解或仲裁。上法庭是一件严肃的事情，还会对双方关系产生可怕的影响，只应作为解决问题的最后手段。事实上，绝大多数的诉讼都是在法庭外解决的。

调解

与诉讼相比，调解相对没那么正式，证据和程序的规则宽松很多，也不一定要有律师陪同。这种形式快速、经济，无须法官介入，只要有一个公正的第三方能够促成争议各方达成协议即可。各方可以选择达成协议或不达成协议，没有任何决定强加给他们。然而，除了人际关系技巧，调解员在谈判和解决争端方面的技巧往往也可以帮助各方减少分歧，达成一个双赢的解决方案。

调解的魅力在于双赢的理念。当事人通常都很情绪化，希望能打败对方。（要知道，他们可能几分钟前还在去法院的路上。）其律师往往都训练有素，准备以唇枪舌剑的辩论，为客户赢取巨大的胜利来证明高昂辩护费用的价值，甚至希望在这个过程中彻底击垮对方。然而，调解员所接受的培训则是寻找其他人可能忽略的双赢解决方案，所以往往能够帮助各方达成友好协议，或至少各方都能接受的折中方案。协议的条款是保密的。双方在离开房间时很可能达成了良好的条款，而其关系也是完好无损。

仲裁

与调解一样，仲裁是一种相对快速、廉价、非正式的诉讼替代方式。然而，有几个重要的区别。仲裁人员或仲裁小组，通常是该领域的专家。例如，在总承包商和分包商之间的建筑事务纠纷中，仲裁员可能有工程、建筑或项目管理方面的经验。他们能更好地理解纠纷的复杂性，并能比法官做出更明智的决定。

与调解不同，仲裁员的决定通常具有约束力。当事人同意将其案件提交给专家并遵从其决议，而不是到法官那里去碰运气。事实上，许多合同规定，争议将被提交仲裁，而非诉讼。仲裁的裁决通常不能上诉。与调解一样，仲裁中的决定不会公开，各方关系很可能在仲裁程序中得以保全。

在这3种解决争端的方法中，调解是最具双赢谈判精神的。事实上，调解也是一种谈判，只是在专家的指导下进行而已。可能的话，一定要尽量避免诉讼和两败俱伤。

要想成为一名双赢谈判者，需要学习的东西还有很多。毫无疑问，我们未来还要不断地吸取经验教训，从错误中学习成长。记住，实践出真知，勤于反思肯定比怠于复盘要好得多。大家大可放心，即使是世界顶尖的谈判高手，同样也会犯错。成为双赢谈判者将会是我们持续一生也受益终身的一段难忘旅程。

后记　谈判的未来

谈判自人类诞生以来就一直存在。人们一直在合作和竞争，而合作和竞争也都离不开谈判。明争暗斗、胜负分明的谈判，在商业历史的大部分时间里都是常态。即使对对方有所求，我们也还是想尽可能地以少换多，并使用策略甚至是卑鄙手段来达到这一目的，而对方也会使用相应的对策，甚至不惜使用更肮脏的伎俩来保护自身利益。几千年来，人类变化无多，其谈判的行为实践也几乎一如往常。

如要说谈判实践方面最大的变化，那自然当属罗杰·费希尔教授及其同事所倡导的原则性谈判，或者说双赢谈判。在20世纪最后20年间，商业环境不断发生巨变，也的确要求我们共克时艰，积累准备，扩大蛋糕，区分立场和利益，重视共情和关系。

- 信息技术和互联网使信息得到了广泛的传播和应用，使竞争环境更加公平，并在消费者和商业领域创造了精明的买家军团。
- 技术的复杂性和专业化改变了我们的工作方式，要求我们使用更加民主的企业结构和合作方式来整合知识、技能和专长。
- 虽说企业间的竞争仍在所难免，但合作亦是大势所趋。合资企业、战略联盟、伙伴关系和联合品牌的激增与蓬勃态势，也对企业间的合作提出了空前的要求与挑战。

这些力量都会继续存在。事实上，信息的可及性、复杂性和专业化，以及关系的中心化，将继续对我们的生活和商业方式产生越来越大的影响。同时，还有一些新的力量也将加入其中：

- 现在的年轻人不愿像婴儿潮那代人或其前辈那样墨守成规，而会以不同的方式衡量成功。金钱往往退居其次，而像环境、经历和作为等则成为一些其他重要筹码。
- 利益相关者的范围将会继续扩大。除了管理层、员工、股东、供应商和客户这些传统的利益相关者之外，那些代表居民、鲸鱼和树木发声的力量也正在加入利益相关者的行列。这些声音将变得更加响亮，更加多样化。相对于企业盈利这一底线来说，环境、社会和治理措施正在变得更加重要。
- 社交媒体的普及要求企业、政府等社会角色愈加谨慎小心，以前可能没什么后果的尖锐做法会变得很有风险。而且，人人都能找到自己的同类人与归属。

- 零工经济意味着很多从未想过谈判的人，现在也不得不考虑作为另一种意义上的 CEO，即首席全能官①，投身实践。

> 朋友阿维给我讲过一个很美好的故事。阿维在独立网络设计师桑迪普事业刚刚起步时，就聘请他为自己建立网站。在商定好价格和工作范围后，桑迪普就开始搭建网站。阿维在看到网站成品后，打电话给桑迪普说："我想，我可能无法如约支付酬劳了。"
>
> "什么叫你无法支付了？"桑迪普说，"你的要求我可是一个不落地全都做到了。我们说好的……"
>
> "我知道之前是都说好了，但成果完全超出了我的期望。你应该得到更多。我想按之前约定的价格多付你 20%。"
>
> "什么？哇！你是认真的吗？太感谢了，但你真的不用给我加钱。"
>
> "要的要的。这是你应得的。一分耕耘一分收获嘛。"
>
> 虽说金额并不是很大，但桑迪普很高兴。他不仅得到了惊喜而非惊吓，获得了额外的报酬，还感受到了重视。一次，阿维的网站被黑了，桑迪普免费帮他进行了修复。

---

① CEO 原本是首席执行官（chief executive officer）的缩写，作者在这里玩了一个文字游戏，将字母 E 所代表的 executive 替换为 everything，从而使 CEO 成为另一种意义上的 CEO，即首席全能官（chief everything officer）。

> 桑迪普的生意越来越好,他也提高了自己的收费。阿维又请他为自己建了几个网站,还向他介绍了几个新客户。而桑迪普不仅对阿维的收费比其他客户更低,还会对阿维的需求特别上心。他们的业务关系充满善意和信任,坦率而直接。两人都毫无保留,公平公正,而且知道对方也是如此。现在,他们已经成为很好的朋友了。

玩弄策略、有所保留、在各自立场上讨价还价的竞争思维永远不会消失,但会变得不那么普遍。而重视关系、基于利益解决问题的双赢思维将变得愈加重要,双赢谈判者才只是初露锋芒。

双赢谈判者备忘录

1. 区分利益与立场

为了揭示你的真正利益,问问自己这为什么对你很重要。

你真正的利益是什么?对它们进行优先排序。

对方的利益是什么?

是否有其他利益相关者的利益应该被考虑?

2. 确定筹码:任何有价值的东西

你有什么是对方所看重的?他们有什么是你所看重的?

你可以利用哪些筹码来创造价值?

一定要考虑认知、时间、风险承受能力、无形资产、情感需求等方面的差异。

3. 创建提案:可能的解决方案 / 筹码组合

哪些提案最能获得自身利益或对方利益?寻找创造性的解决方案。

怎样才能利用各种筹码（包括无形资产）创造更多的提案选择？

4. 制订 B 计划

列出你能想到的所有备选方案及其优缺点。

哪种备选方案最为有利？它是否实际，能否改进？

你最多能在多大程度上预计对方的 B 计划？怎样才能将其降到最低？

5. 理由：评估可能出现的结果的外部客观标准

你能想出哪些可能的理由？公平很重要。

确定标准的优先次序——哪些对你最有利？哪些对对方最有利？

你如何帮助对方说服其老板 / 利益相关者？

6. 沟通

建立融洽关系，主动共情，博得青睐。

多问问题。

仔细聆听。

考虑文化问题。

7. 关系

对事不对人。

努力理解对方，考虑其观点。

控制好情绪。

8. 执行：关于各方职责的承诺和协议

你希望完成什么？

最终的协议会是什么样子？

使用担保、押金、分批付款等方式把风险降到最低。

明确后续行动，谁应该在什么时候做什么事情。

将争端解决程序写入协议。